伊雑宮で出会った神聖なミノ虫

伊雑宮で出会った
ミノ虫です。
「与えられた」木の葉に
身を包み、
その条件の中で
懸命に生きようと
しています。
懸命な姿とは、
とても美しく
神聖なものです。

※ 第一章「懸命に生きる姿は美しい」P16からをご参照ください。

東日本大震災直後に出迎えてくれた伊勢神宮外宮の神馬

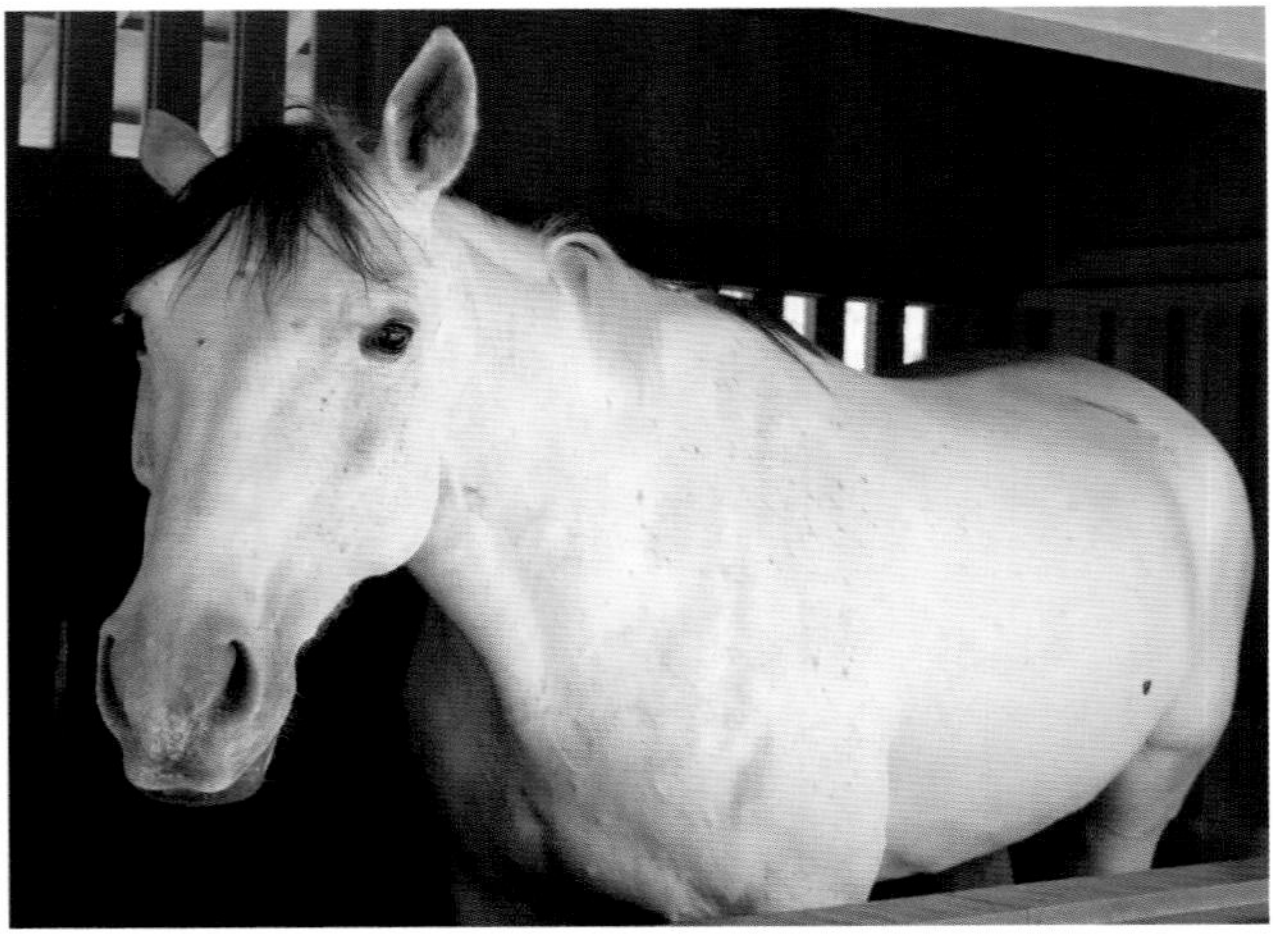

伊勢神宮外宮では
神馬《しんめ》が出迎えて
くれました。
優しい目で
私の顔を
じっと見つめる白馬は、
「大丈夫だよ」と
日本を
励ましていました。

※ 第四章「伊勢神宮参拝(出張ですが 2)」P246からをご参照ください。

宇宙万象

第7巻

伊勢白山道

観世音

口絵写真1　伊勢神宮伊雑宮　ミノ虫

口絵写真2　伊勢神宮外宮　神馬

宇宙万象

第7巻

目次

第一章

偶然という「縁」が個人の運命を分けます

第二章 白山ククル女神の世紀の始まり

第三章 何があろうとも、最後は必ず全員が救われます

第四章 東日本大震災とその後の対策

目次

第五章 伊勢白山道への質問〈Q&A〉

※この巻には、「伊勢―白山道」ブログの
二〇一一年二月・三月の記事と、二〇一二年
三月・四月の再検証シリーズ記事を
編集・加筆修正して収録しています。

口絵写真　著　者
本文イラスト　角　愼作
造本・装幀　岡　孝治

第一章

偶然という「縁」が個人の運命を分けます

1 懸命に生きる姿は美しい

口絵写真1は、伊勢神宮の伊雑宮（いざわのみや、いぞうぐう）へ参拝した時、最初の大鳥居をくぐった広場の真ん中あたりに浮かんでいたミノ虫を写しました。奥の左手には、お尻の大きな母性を表す大木も写っています。

ミノ虫はちょうど私の目線ぐらいの高さを、一本の糸を頼りにして上下に揺《ゆ》れていました。上空に高くそびえる木へと戻ろうとして、懸命に糸をたぐっている感じでした。参道の入り口において、私はとても神聖なものを見せて頂いた気持ちになりました。

古来、日本では絹糸を産み出す蚕《かいこ》を「おかいこさん」と呼んで大切にしてきました。皇居では、今でも御蚕様《おかいこさま》を育てています。

ミノ虫の糸は、切れずにとても長く伸びていました。「与えられた」木の葉に身を包み、その条件の中で懸命に生きようとしていました。

私たち人間は、自分に与えられた条件の中で生きようとはせずに、よそ見ばかりして他人の条件をうらやんでいたり、不満を持ったりとしがちです。

今の条件がどんなに不満でも、その中〝でも〟懸命に生きようとしたいものです。懸命な姿とは、とても美しく神聖なものなのです。

一生懸命に高みへと戻ろう・生きようとしていたミノ虫は、その後に社務所から出て来た神官の方が糸をつかんで木の枝に引っかけていかれました。

懸命にもがいて生きていれば、必ず救われます。

もし、コノ世で救われなくても、自分なりに懸命に生きてさえいれば、アノ世で必ず救われます。自分の良心（内在神）が納得して満足するからです。

でも、自分自身を満足させることは本当に難しいことです。

尽きることのない様々なサガ（性）を人間は持ちますから。

だから人は悩み成長するのでしょう。

今の与えられた条件の中で、とにかく一生懸命に生きてみましょう。
必ず大丈夫となります。

生かして頂いて　ありがとう御座位ます

[懸命な姿は美しい　二〇一一年三月九日]

2 すべてが逆なのです

（前項の感想）

私たちの命とは、この一本の命綱の糸でつながるミノ虫のように、いつでも簡単に切れる儚《はかな》いものです。本当にあっけないものです。

しかし、簡単に死んでしまうからこそ、人間は大切に生きようと真剣になれるのです。もし人が不死身のロボットのようならば、非常に乱暴な世界へと進むことでしょう。死への恐怖心があるからこそ、人類は様々なことを大切にできるのです。

ということは、人間が死ぬという恐怖心は、命を大切にするためには欠かせない現象だと言えます。死への恐怖心がある御蔭で、人類は戦争をしなかったり、交通事故を予防したりできるのです。しかし、人間は簡単に死んでしまうということを忘れますと、自動車でも無責任な運転をすることでしょう。

平和と安全のためには、死という現象から目を離してはいけないのです。

また、人間は必ず死ぬという道理を忘れていますと、自分の欲望が際限なく大きくなる傾向があります。

他人をイジメてでも自分が得をしたいという自我《じが》が強くなります。また、色欲から異性にも執着して、他人の家庭を破壊することも平気にできてしまいます。

これは、自分の死後のことを考えたこともないからできるのです。**「死を忘れている」からこそできる行為なのです。**

死を忘れることは、道徳心も消してしまい、ムチャをしてしまいます。

「生かして頂いて　ありがとう御座位ます」と日々において感謝をすることは、日々に生死を自分に意識させます。

すると、前記のような自我（我良《われよ》し、「自分だけが良ければそれで良い」の気持ち）の行為は、アホらしいことだと目が覚めるのです。いつか必ず死んでしまうのに、そんな他人に迷惑をかけてするほどのことではないとわかるのです。

しかし、悪魔は違います。逆に、人間に死を忘れさせるように誘導します。死後の世界などなく、コノ世だけだから「やった者勝ち」だと人間に思わせようとします。

神道では、死という現象を「隠れること」だとします。

偉人が死にますと、「お隠れになった」とも表現します。要は、死とは移動に過ぎないと考えています。


これは霊的には、非常に深くて正しい表現だと感じます。

答えを言いますと、私たちの魂は実は「**生まれたことも死んだことも無い**」のが霊的真実なのです。死という無になることは一切なく、どこまでも魂は「**生き通《とお》し**」なのです。

だから無責任な逃げ得には絶対になりません。いつか必ずすべての帳尻が自動的に合わされ、そして魂の旅は進んで行きます。

実は今の私たちも、帳尻が合わされている「最中」なのです。

これがわかりますか？


コノ世とアノ世という「舞台」を移動しながら、学び遊ぶのが私たちの魂なのです。

そして魂を成長させるために、神様が死への恐怖という幻想を設定しています。

この死の設定がない次元では、魂は成長せずに育たなかったのです。

だから、この神様の設定にダマされながら、日々を懸命に大切に生きましょう。
するとその先は、大丈夫になっているのです。

生かして頂いて　ありがとう御座位ます

［すべてが逆なのです　二〇一二年四月二十八日］

3 迷い悩んでも大丈夫になります

伊勢神宮は、日本列島のほぼ真ん中あたりにあります。全国から参拝するには、国民に公平な距離感です。もし伊勢神宮が九州にあったとしますと、今までのような参拝客による盛況があったのでしょうか？　かなり事情は違っていたと思います。

まだ日本の全体の地形も把握されていない二千年以上も前に、第十一代天皇の皇女である倭姫《やまとひめ》が現在の伊勢の地において、太陽神を祭る決断をしたことは地理的にも大正解だったわけです。

私のリーディングでは、倭姫は奈良県の三輪山《みわやま》の近辺に「最後の」卑弥呼《ひみこ》として在住していました。

倭姫が伊勢に移住した以後は、伊勢神宮における代表の祭主としての歴代の巫女《みこ》の長が、卑弥呼に相当します。卑弥呼とは、外国からの蔑称でもあります。本当は、**日見子**の字がふさわしいです。

倭姫は、とても小柄な姿に観えます。身長は百二十〜百三十センチぐらいに見えます。

顔は、おでこが少し張り出し、ほっぺたがふく（福）よかです。

伊勢のお土産のデザインで使用されています、お多福さんに顔が似ています。縁起が良いとされるお多福顔の起源は、倭姫にあると私は思っています。おでこの張りは、倭姫が持った意志の強さと呪術師としての側面を表していると感じます。


ただ、倭姫にしても、太陽神を祭る場所に迷いに迷ったのです。最初から奈良から伊勢に行ったのではありませんでした。

皇室に伝わる神話の鏡を持ちながら、肉体が太陽神の依《よ》り代《しろ》となりながら近畿圏をさまよい歩かれました。歩かれた地が数十箇所にものぼり、元伊勢《もといせ》と呼ばれて今では多くの神社になっています。

持ち歩かれた神話の八咫鏡《やたのかがみ》は、私には黒っぽい石盤のようにも観えます。背面には、シュメール文明の楔形文字《くさびがたもじ》に似た形象文字が刻まれています。「神は共に在る」のような意味に感じます。

言いたいことは、倭姫にしても、祭る場所を求めて、迷い模索したわけです。太陽神の啓示を受ける偉大な巫女でも、人生の苦難を体験されたわけです。私たちとまったく同じです。では、彼女を支えたものは何だったのでしょうか？

それは、見えない・わからない中でも保持した自覚《じかく》と覚悟でした。絶えず戦乱が起こる可能性の中では、皇室といえども安泰ではなかったのです。でも絶対に、国を守り神様を存続させるという意志と覚悟、皇室をつなぎ後世に残す皇女としての自覚でした。

そして、迷い放浪した最後に、伊勢に安住することに決めたのです。今となりますと、その迷い歩いた地も、元伊勢と呼ばれて生きています。

私たちも、迷いながら努力すれば、後で必ずすべてが生きていきます。

だから迷い悩むことを恐れないことです。

その代わり、目の前の自分ができることを「する」ことが大切です。必ず後で花が咲きます。たとえ米粒のような小さな花でも、花は美しいのです。

生かして頂いて　ありがとう御座位ます

［迷い悩んでも大丈夫に成ります　二〇一一年二月一日］

4　苦労がないことが守護ではない

（前項の感想）

倭姫《やまとひめ》とは女性でありますが、日本史上でも有数の大霊覚者だったと感じます。

今の神社庁が一番に大切にする大祓詞《おおはらえのことば》も、古代祭祀を仕切った中臣氏《なかとみうじ》や文武天皇《もんむてんのう》が、創作者である可能性を言われますが、私は倭姫が神界から下ろした言霊《ことだま》だと確信しています。

大祓詞の中にあります、「天津金木《あまつかなぎ》」（ヒノキ）のくだりとは、まさに伊勢神宮の遷宮《せんぐう》（建て替え）において、ヒノキの大木の柱を大地に打ち立てる様相そのものを表現しています。

要は、遷宮そのものが神事であり、大祓詞を再現しているわけです。

遷宮を二十年ごとに繰り返す理由の一つに、大祓詞の息吹を吹き返すという意味も感じます。大祓詞の祝詞《のりと》に宿る神気を劣化させないための行事が、伊勢神宮の遷宮とも霊的に言えます。

倭姫が亡くなった後も、この偉大な巫女の志《こころざし》と神気を絶やさないために、後世の天皇が遷宮を始めています。つまり、伊勢神宮の遷宮とは、倭姫の息吹を絶やさないための行事でもあると言えます。

倭姫の前には、奈良の地において歴代で五名の卑弥呼（日見子）が存在したと感じます。日本の天皇は男系でありますが、その陰で様々な意味で国家を支えた女性の神官がいたわけです。

伊勢神宮では、倭姫が神官の始祖として、今でも大切に崇敬されています。

今日の話は難しいかも知れませんが、要は倭姫のような偉大な霊覚者でも各地をさまよい歩き、悩み苦労しながら人生を歩かれたのです。

倭姫のように太陽神を背負った人間でも、苦労と悩む体験をするのがこの現実界なのです。人間として生まれ出た宿命です。

神様の守護があれば、何も苦労が起こらないと思うのは普通の方の勘違いであり、それが魔境に誘われる原因にもなります。

だから今が苦しい人も、それは絶対にムダではないのです。
ムダにしようとするのは、自分自身のあきらめる思いからです。
今日も、淡々と歩いて行きましょう。

生かして頂いて　ありがとう御座位ます

[苦労が無いことが守護では無いのです　二〇一二年三月五日]

5 何とかなります

天皇陛下が今日（二〇一一年二月十一日）の建国記念の日に、心臓の検査をされているそうです。

長時間の正座を要する神事を長年日々されていますので、正座による下半身の血流の圧迫は、心臓にも負担をかけているものです。特に茶道をする高血圧の人も、正座には注意と工夫が必要です。

私の感応《かんのう》では、神事においてもヒノキや竹で作成された「工」の形状をした低い台をお尻の下に挟《はさ》むのは、霊的磁気の面でも悪影響はありません。むしろ集中力が増し、高齢になれば必要な道具だと思います。

伊勢神宮の内宮にある正殿《しょうでん》の真下の地中には、今上天皇《きんじょうてんのう》の身長に合わせて切られたヒノキの柱が「心《しん》の御柱《みはしら》」という、神気が降りる神柱《かみばしら》として埋められていると感じます。

この霊的仕組みにより、天皇陛下の肉体には国の現状や先行きが転写しています。天災が起こった時に、陛下がすぐに被災地に行こうとされるのは、御自身の心身に痛いほど本当に響いているからです。宮内庁が止めなければ、真っ先に現場に行きたいと思われているのが実状だと思います。

最近の内外の政情を見ましても、まだまだ陛下には健康であられて欲しいです。

建国記念の日とは、初代天皇である神武天皇《じんむてんのう》が即位された日です。二千五百年以上も前に即位した家系が、今でも継続しているとは人類の奇跡です。

何が奇跡かと言いますと、それを支えた国民が存在したということです。これは、その国土に住む民族の「許す心」「他人を応援する気持ち」「自分が一歩引く」「他人に譲《ゆず》る」……、大きな良心を持つ民族だということの証明なのです。

他国の歴史を見ましても、クーデターによる暴力での支配や、政治的な工作で元首になることがあるのが現状での実態です。なんと野蛮で強い者勝ちの仕組みなのでしょうか。

数千年も継続する家系などは、権力者には邪魔になるのです。しかし日本では、キレたような戦国大名でも天皇への態度は別でした。やはり心に感じるモノがあったのです。

これからの日本にも、天皇を維持できるような「良心を持つ人々」がいることを希望します。

神武天皇と言いますと、神話では天皇の先行きの道を導いた八咫烏《やたがらす》がいます。カラスは、スサノオの神使《しんし》です。つまり、天照太御神《あまてらすおおみかみ》を背負う家系を導いたのは、スサノオであり、その奥にある国常立太神《くにとこたちおおかみ》だったのです。

何度も記事に書いてきた私の家に現れる「例の」焚き火にあたる三本足の大カラスは、最近はカラスの大群を引き連れています。

夕方には、私の家の周囲三百メートル以内の電柱や木立に、音符のようにキレイに並びます。おそらく糞害を起こしていることでしょう（笑）。

カラスが並ぶ日は、スサノオの神気を感じている日なのでした。そのような日は、天皇陛下の御健康を思う日にします。

生かして頂いて　ありがとう御座位ます

［何とかなります　二〇一一年二月十一日］

6 超リアルな神話の国

（前項の感想）

この去年（二〇一一年）の建国記念の日の一ヶ月後の三月十一日に、東日本大震災が発生しています。二・一一から三・一一です。

数霊的には、十一とは最高神を表す意味があります。暦の歴史の流れの正確性は別として、神武天皇に縁ある日として二月十一日が建国記念の日として現代に伝わることには、偶然という神意の意味が存在しています。

この数霊の流れでは、今年は四・一一が神事として大切な日だと感じています。これは地震の意味ではなく、これからの神様の神意が現れる日という意味です。この日も心を安心させて、日常生活を送りたいと思います。

天皇霊を宿す天皇陛下は、霊的には国家の状態を現しています。

先日のアラブの要人との外交では、陛下の良い御顔が見られました。顔色も良かったです。ただ、皇后陛下が側で支えるような用心をされている様子を見て、足腰に力が戻るリハビリの最中の時期だと思いました。大手術の後ですが、とにかく良い御顔をされていましたので、日本はまだ大丈夫です。

天皇陛下のご回復と共に、日本列島の揺れも安定していくことでしょう。

霊的には「日本列島＝天皇陛下」です。そして、これを「皇后陛下＝天照太御神」が支えるという関係性があります。

神話の新たな開示として、神武天皇を支えた黒いカラスの正体があります。本当に霊的に金色にも発光したカラス形象とは別に、神武天皇の重臣の部下三名の存在がありました。三羽ガラスです。

神武天皇が今の近畿圏に入る前に、先に部下を隠密として送っています。一人は、今の歴史でニギハヤヒノミコトと呼ばれる皇室に関係する重臣が、神武天皇に先行して奈良に入っています。後の二名は、東北・関東に潜入しました。二名は、ニギハヤヒノミコトの部下でもあります。東北の鳥海山《ちょうかいさん》まで侵攻しています。

天照太御神が神界から最初に降ろした皇孫ニニギノミコトと、ニギハヤヒノミコトを兄弟ウンヌンとする自称神道家が多いですが、完全な間違いです。年代がまったく合いませんし、霊的な感応でもニギハヤヒノミコトは皇孫の直系では決してないのです。
皇孫としてのニギハヤヒノミコトは、存在しません。私が過去にニギハヤヒノミコトは存在しないと書いた理由です。
ニギハヤヒノミコトの正体の秘密は、古代出雲国にあります。

「天照太御神↓　皇孫ニニギノミコト↓　神武天皇」

という流れで天皇が誕生したと感得します。
日本書紀では、ニニギノミコト↓神武に至る期間を約百七十九万二千四百七十年とします。これは遺伝子の人類への同調期間を意味します。

神武天皇を支えた忠臣ニギハヤヒノミコトは、その後に物部氏《もののべうじ》と呼称されて、初期の皇室を支える最重要の神祇官《じんぎかん》として現在の奈良県で繁栄しました。
その後に物部氏は、今の京都の上賀茂神社の創建にも関係します。

つまり、神武天皇（天照太御神）を陰で支えた物部氏（スサノオの子孫たち）という、関係性が存在します。

私は古文献を一切知りませんが、リーディングによりますと、この歴史観の証拠は物部神道を研究すれば確定されると感じます。

以上は、日本の歴史の大きな秘密です。

三日月のように湾曲する日本列島が、揺れることで免震する安心の大地となるように、自分の生活の中で生かされている感謝の思いを置いていきましょう。

生かして頂いて　ありがとう御座位ます

[超リアルな神話の国　二〇一二年三月二十六日]

7 心臓が記憶する死者

心臓移植に関する奇異を紹介したアメリカの再現ドラマをチラリと見ました。新婚の夫婦が新居に住み始めましたが、夫がある日突然に拳銃で頭を撃ち自殺をしてしまいました。夫はソーセージを挟《はさ》んだサンドイッチとビールをこよなく愛する人でした。それからしばらくしてから、自殺した夫の心臓の移植を受けた男性が、未亡人に御礼が言いたいと訪ねて来られました。二十歳以上も年の離れた初老の男性でした。二人は会うなり、お互いに「なぜか」心が引かれて恋に落ちて結婚しました。

妻は、ある日に不思議なことに気づきました。男性は結婚してから頻繁《ひんぱん》に、ビールを飲みながらソーセージ・サンドイッチを食べるのです。男性に聞けば、結婚する前は嫌いな食べ物だったとのことです……。

そして悲劇は突然やって来ました。子どもも生まれて幸せに暮らしていたのに、前の夫と同じ方法で頭を撃ち抜いて、二人目の夫も自殺をしてしまったのです。

心臓移植の多いアメリカの統計データでは、臓器の提供者である故人の趣味や好みを、それを知らない臓器提供を受けた人が持つことが確認されているようです。この話に脚色がされたとしても、霊的には有り得る話だと感じます。

学者は、臓器に記憶はないと言いますが、臓器には故人の霊体の磁気が蓄積（帯電）しています。この霊体磁気は、臓器だけの磁気ではなく、霊体の全体の情報を保有していま す。霊的磁気は、ＤＶＤのように「リピート再生」をするものなのです。

霊体磁気が再生されれば、本人は気づかなくても肉体は無意識のうちに必ず影響を受けます。そして現実的な行動に表れます。

もう一つは、憑依《ひょうい》の視点です。

提供を受けた臓器が、故人の霊の「依り代」となるのです。故人が成仏をせずに未練を残している場合、コノ世に残って自分の思いを実行しようとします。

この時に、自分の臓器を持つ人物がいれば、その人に憑依をするのは容易だと感じます。むしろ、憑依の意志が故人になくても、自分の臓器を持つ人の所に磁石のように引き寄せられると思います。

日本仏教で戒名《かいみょう》を付けるのは、名前さえも捨てさせて現実界を忘れさせるためです。私が故人の写真の常設を反対するのは、故人のためなのです。アノ世に行こうとしても、自分が元気な時の姿を見ますと、辛く感じる心境の故人もいるからです。コノ世に残りたくなるのです。

しかし、臓器が残存しますと、その影響は故人の写真どころではありません。磁気の観点から、故人がコノ世に強制的に残ることになりやすいと感じます。

過去に何度も臓器移植の是非を読者から聞かれました。その時の返答の神示は、

「提供を受けた人が存命する間は、故人は成仏できずに待機する状態になりやすい」

というものでした。

これは、つまり故人は成仏が遅れることを意味します。もし故人が臓器提供をしている場合、家族は故人の供養が大切です。

もちろん、生きている時の故人の心境により、臓器提供をした影響を受けずに、昇華に進む魂もおられます。

ただ今回の事例のように、自殺者の臓器となりますと未練が残っているものです。本当は、コノ世への執着が強い性格だからこそ自殺をするのです。その臓器提供を受ければ、

憑依の影響を受けると感じます。

今回の事例では、そもそも初めの新婚時に住み始めた土地にいた自殺者（拳銃で頭を撃った）の憑依による影響を、一人目の夫が受けていたと感じます。運命が狂わされて、二人も連鎖する自殺を起こしているのです。

コノ世の先行きは白紙です。だからこそ、自分がアノ世で予定して来た人生を全《まっと》うするためにも、日々の依り代による先祖供養が大切なのです。

前記のような土地（霊障のある土地・いわく付きの土地）でも、依り代（「〇〇家先祖代々の霊位」のある短冊や位牌）による先祖供養がされていれば、依り代が身代わりとなり、先祖霊が精霊・エンジェル（国の霊域の影響で呼称は変わります）として働き、憑依から逃《のが》れられます。正しい先祖供養で人生が変わっているのです。

自分の夢を実現させるためにも、毎日の依り代による先祖供養は大切です。

生かして頂いて　ありがとう御座位ます

［心臓が記憶する死者　二〇一一年二月九日］

8 自分の心を守ることが大切

(前項の感想)
臓器移植については反対はしませんが、臓器を提供した側の家族と提供を受けた患者は面会しないほうが、霊的には良さそうです。両家族の運命が狂わされる可能性があります。臓器提供した故人の思いが生への執着を起こして、患者の肉体を使って家族の元に帰ろうとするかも知れません。患者にも家族があれば、面倒なことになりかねません。

臓器移植は成功しても、その後の生活において患者自身が、自分の心が定まらなくなり安定しない、本来の自分ではないような気がする可能性があります。

臓器移植では、肉体的な成功例ばかりが注目されていますが、その後の患者の精神状態の追跡調査はされていません。今はたとえ健常者であっても、精神を病みだす人が多いご時世です。ましてや大手術で多くの薬剤を投与され、他人の臓器で生きる人の気持ちとは大変なものです。しかし、たとえ移植患者が自殺する事例がありましても、自殺は患者の個人的な問題であり、臓器移植との因果関係は否定されるでしょう。それが現代医学の限界というものです。

とにかく臓器移植をした後の、患者の心のケアが大切だと思います。移植後も、以前のように心が安定していれば、それは真の移植の成功であり喜ばしいことです。

心の問題と臓器の問題が切り離されている限りは、医学の進歩は行き詰まります。いつまでも、切った貼ったというレベルが続きます。

神示によりますと、

「心→ 遺伝子への干渉→ 臓器への影響→ 健康を左右する」

と示されます。

問題は、臓器提供した故人の心は「生きている」ということです。これを現代医学に持ち込むのは無理があります。

しかし、人間がなぜ生まれるのか？ なぜ個性が生まれるのか？ を突き詰めますと、見えない心の連鎖性なしでは発生しないのです。すべてを「偶然」にして済ませてはいけません。

このような最新医学の問題を見ましても、人間が普通に生きられるとは、なんと凄いことでしょうか。

五体満足で普通に生活できることは、多くの奇跡の上でのことなのです。これをアタリマエにしてしまい、他人がどうの仕事がどうの浮気がどうのと、自分の大切な心を傷めているのが現代人です。

心が傷めば、すべてが病みだします。要注意です。

何があっても、アホウになって感謝して生きることができれば、それは人生の真の成功者になれます。

コノ世のすべては、自分の心（内在神）がカギを持ちます。

生かして頂いて　ありがとう御座位ます

[自分の心を守ることが大切　二〇一二年三月二十二日]

9 「絶対に」を捨ててみましょう

毎日のように、携帯電話を利用した大学入試のカンニングで逮捕された受験生の報道がなされています。

最初にこの報道ぶりを見た時、その学生が自殺をしなければ良いなと思いました。センター試験を通過して国立大学を受験するだけでも、そこそこ勉強ができる学生なのでしょう。そのような手段を取るとは、「絶対に」受かりたいと「思い詰めた」からです。

この「絶対に」と、「思い詰める」がそろいますと、その人間は正常な判断を誤ります。異性関係や仕事においても、「絶対に」という思いが浮かんで来れば、皆さんも注意しましょう。他の隠れている良い選択肢を、見つけることができにくくなるからです。

そもそも「絶対○○したい」という執念は、個人的な執着です。個人の執着の場合には、「絶対」にという思いは逆に達成しにくいブレーキをかけることになりがちです。自分の意識にムダな漏電《ろうでん》が発生しています。

たとえ「絶対に」の思いで達成したとしても、どこかで無理をしていますので、直《じき》にそれを失くすか、代わりに大切なモノを失うことになりがちです。
霊的な有料祈願による、交換条件の発動とよく似た面があります。

個人的な希望があれば、一番かなえやすい意識の状態は、

1．「こうなれば良いな～」というタンタンとした思いの蓄積と、それへの「行動」です。

そうして、

2．一番大切なのが、「そもそも生かされた上でのこと」だという「感謝の思い」を日々強く持つことです。

この二点は、「絶対に」と思い詰めるよりも、その後の人生にも良い選択を自分自身にさせます。物事を達成したとしても、その後の生活が大切なのです。
だから、結婚や就職をゴールに思った人は、その後が大変です。よく言われるように達成は、新たな始まりに過ぎません。

カンニングをした受験生は予備校の寮にいたので、テレビを見られない環境だったようです。したがって、社会での報道ぶりを知らなかったのです。これが幸いして、無事に保

護されました。刑事さんから大々的な報道を聞いて、驚いていたそうです。ただ早急な逮捕を聞いて安堵したものの、将来のある未成年の立場を思いますと、逮捕以外で早急に保護できる法律があれば良かったなと思いました。

今の報道は、個人（どんな悪人でも、個人では弱者です）を大勢で叩く傾向があります。これは意識的にではないのですが、テレビはどこも同じネタを放送する結果、このようになってしまうのです。

だから逆に一社ぐらいは、どこも同じネタを報道し始めた場合、それ以外の報道に力を入れるほうが目立ちます。家庭では、「もうこの話は飽きた」とチャンネルを動かしているものです。

人生から、「絶対に」と「思い詰める」ことを自分が捨ててしまえば、逆に新たな展開が始まるものです。武術の極意も「ムダな力からの脱力」にあります。

やはり、この言葉の気持ちでいることが最善へと導きます。それが、

生かして頂いて　ありがとう御座位ます

［「絶対に」を捨てること　二〇一一年三月六日］

10 人生に大切な三つのこと

今朝に浮かんだことは、人生にとって大切なことは何か？　ということです。

その前の仮眠で見ていた夢は、なぜか漫才コンビ、ツービート時代の若い北野たけしさんが相方と地方のドサ回りをしている光景でした。前の日に「役者」というキーワードが出ていたから見た夢でしょう。

私の夢では、地方のヤクザな男たちや舞台に関わる日の目を見ない女性たちに、彼は人間の「しょうがなさ」「あわれ」を見ていました。

彼の元に集まった弟子たちは、事務所の応援もありますが活躍されています。上手に弟子を選んだな、いや、自然とそう「なった」のがホントでしょう。それぞれのお弟子さんは、もし「ビートたけし」の弟子になっていなければ、まったく違う人生を歩んでいたことでしょう。

各人がもし、故郷の同窓会にでも出れば、自分が恵まれているほうだとわかると思います。一流大学に行った同級生が、中年になった今が幸福かどうかはわかりませんね。様々な人生があります。

では、たけしさんが、弟子を選ぶ視点は何だったのでしょうか？

私の独断ですが、挫折感を知らなさそうな人間は、彼は選ぶことを避けたと思います。コンプレックスを抱え、できれば秘めた優しさがありそうな人間を「まあ、いいや」と適当に選んだ感じがします。悩まない人間よりも、悩みそうな人間を選んだとも言えます。

要は、彼自身がそのような要素を持つからです。

1．悩む人間は、成長するということ。

目的（生きるための）を持って悩むのは、悪くはないのです。

2．人間には愛情や思いやりの有無が大切。これが人生の幸福を左右させます。

次に大切な視点は、その人に愛情や他人への思いやりが有りそうか無さそうかを見ることです。しかし、これの判断は、付き合わないとわかりにくいですね。でも、そういう視点が大切だと自分が「知っている」だけで良いのです。それで相手を見る視点が変わっていきます。そして、正しい判断ができていきます。

3．他人からの恩を大切にする心を持つこと。

さらに北野たけしさんから感じるのは、他人からの恩を大切にすることです。彼はいまだに漫才コンビを解消せずにいます。若い頃を共にした相方を、何かあれば助けてあげたいと思っているのではないでしょうか。襲撃事件を共に起こした弟子たちには「一生、俺が面倒を見る」と言い、それを長年も実行していたと思われます。

今は受験シーズンで、試験の結果で子どもの人生が終わるような心配をする親御さんが多いです。これも、子どもの幸福を思ってのことです。

しかし、子どもの人生に本当に大切であるのは学歴ではなく、前記の1～3番を持つ心に子どもを導くことなのです。

学歴だけでは金銭は入らない時代です。しかし、1～3番は、金銭も幸福も子どもにもたらす「結果」にする可能性があります。しかも生涯にわたり有効です。

まあ、北野たけしさんを例にして人生論を書きましたが、彼が関西系テレビ局の深夜番組に出演された若い時のことを思い出します。

笑福亭鶴瓶《しょうふくていつるべ》さんが司会の番組でした。たけしさんは、何が気に障《さわ》ったのか、鶴瓶さんの問いかけには誠意のない意味不明な返事を「最後まで」やり通しました。

その決して視線を合わせない顔には、「何が鶴瓶だ。浅草をナメんじゃねーぞ」という気迫を出していたのを覚えています。

それから数十年後の先日は、仲良く二人で長時間の番組をされていました。思いっ切り生きる人は、生きるほどに角《かど》も取れるようです。

私たちも1～3番を大切にして生きて行けば、必ず丸く幸福になれると感じます。

生かして頂いて　ありがとう御座位ます

[人生に大切なこと　二〇一一年三月三日]

11 人生の勝利者とは

（前項の感想）

悩むということは、様々なことを「感じている」とも言えます。悪いことではありません。ただ、「自分だけのため」の物事に悩むのは良くないです。自分だけのための悩みならば、それは悪い悩みです。それを静観する視点が大切です。これには恋愛や金銭など、人間の欲望に関することが多いです。

もし悩みがあれば、それはいったい誰のための悩みなのか？　と視点を変えて考えてみるのも良いです。

どんな悩みも冷める時は、憑き物が落ちるように自分から離れるものです。だから今の悩みも、安心して観察することが大切です。

釈尊も、人間の悩みや苦しみは、執着することから始まると言います。

家族や他者のための悩みならば、懸命になるのも時には良いでしょう。

ただし、いつか人間は必ず死ぬという視点を、大らかな明るい気持ちで持つことが大切です。これが間違った執着を切断していきます。

また、それが悩むべき問題か否《いな》かを、正しくサニワ（判断すること）します。

人間には、愛情力が最重要です。この力を持つために、魂は受肉すると言っても過言ではないです。

愛情力＝慈悲《じひ》（神仏からの愛情）でもあります。

だから愛情の深い人は、自然とすべてが神仏の転写を受けだします。つまり、自分の愛情力を深めることにより、神人合一《しんじんごういつ》へも至るのです。

意味不明な呪文を何千回も唱えるよりも、社会の中で愛情を発揮する人のほうが真実の神仏に至ります。

他人を見る時も、地位や学歴や財産で評価する視点を捨てて、その人間の愛情力を見る視点が大切です。

社会の末端で低賃金で働き、「その環境の中でも」愛情や思いやりを出せる人間をたまに見ます。そんな人は、霊眼《れいがん》では黄金の光に包まれているように視えます。そんな人を見ますと、思わず拝みたくもなります。

まさに生きながら菩薩《ぼさつ》へと、人間は本当になれるのです。


だから今の自分の環境が悪くても大丈夫です。

その中で自分が神仏へと昇華することは、誰でも可能なのです。

環境が問題ではないのです。


自分の愛情力や思いやり力が増せば、いつの間にか悩むことが減っていきます。環境がそのままでも、それでも有り難いと真からわかるのです。これは無理をしているとか思い込みだとか、そんなことではないのです。

人間が生かされている原点に気づきだすのです。

この時に、神様という存在の片鱗《へんりん》を初めて何となく認識できるようにもなります。


このようになれれば、その人は人生の真の勝利者です。

巨大な心の富を、アノ世へ持参することもできます。

コノ世だけで終わる、ニセモノの金持ちを目指してはいけません。

今の環境がミジメでも絶対に大丈夫です。

自分の良心（内在神）を信じて、愛情力と思いやり力を育てましょう。

生かして頂いて　ありがとう御座位ます

［人生の勝利者とは　二〇一二年四月二十六日］

12 考えるな！　良心に任せよう

人間の社会生活に関することで、深く考え込んでもダメです。答えなどはないです。

深読みしすぎますと自我（我良し《われよ》）の要素が加わり、失敗する傾向があります。


人間の一人ひとりが、一つの宇宙を代表しています。現実的にも自分の脳は、自分が代表する宇宙の姿を転写した形になっています。

つまり、巨大な宇宙同士（＝人間）が近接する社会生活では、自分の思い通りにいかないのが「正しい姿」なのです。


ただ、神様という大きな星雲の「流れ」「全体の方向性（神様）」が存在することが、すべての宇宙（＝人間）に共通して影響をしています。

だからできれば、各人の小宇宙は、神様の方向を見ている（感謝するだけの信仰をする）ことが望ましいです。すべてが、流れに乗るようにスムーズに行く可能性があります。

では、自分の社会生活において、叶《かな》えたい自分の夢や希望、あるいは中止したいような嫌な物事があれば、いったいどうすれば良いのでしょうか？

考えてもわからないから、悩みます。

でも、最善の選択をしたいのが人情です。

これの答えは、頭では考えないことなのです。その代わり、それに関する情報収集と自分ができる努力をしながら、静かに「見て行くこと」です。

頭で考えて悩むことを中止して、自然と出る自分の行動に「従う」のです。

頭で考えずに、静観しながら、それに関する情報を頭にはインプットしていきます。一度入れた情報は、忘れていても問題はないです。

そうしますと、深層意識、良心（内在神）の領域において、すべての要素がガラガラ・ポンされて、自然と自分にとっての最善へと進みます。

これは、古神道における理想の状態、カンナガラ（神様と共に生きる状態）にも通じる極意です。

ただ、大切な注意点があります。

ガラガラ・ポンを邪魔する磁気信号（憑依）が自分にありますと、自然な正しい行動ができずに、進む方向を間違うこともあるのです。


だから依り代（悪磁気を放電します）による感謝の先祖供養は、生きる人間には重要であり、自分の最善へと行動するためにも大切です。

見えない霊の影響への対策は、縁ある先祖霊にお任せで大丈夫です。霊に対しては、守護霊である先祖霊が対応します。その上には、内在神である天照太御神《あまてらすおほみかみ》（太陽の良心）が、すべての人類に内在していますから、先祖霊を援護します。


物事には、時間の経過を待つべき「時」が必ずあるのです。だから、「今」考えても答えが出ないのは、アタリマエなのです。

しかし、時間経過による変化を待つだけでもダメです。

その間にする「行動」が大切です。

1. 物事への情報収集。
2. 自分ができる行動をする。
3. そして、感謝の先祖供養という、自分から「与える」行為をしていく。

頭でっかちの漏電ばかりして、まったく行動がない人が多いです。
これが悩みの正体ですから、悩むのはやめましょう。

生かして頂いて　ありがとう御座位ます

[考えるな！　良心に任せよう　二〇一一年二月十五日]

13 有り難いことに気づきましょう

（前項の感想）

物事を新たに始める時に、それについて悩む場合は、なぜ悩むのでしょうか？

1. そのことについての情報と認識、自分の努力と力量が不足していることを、自分の本能が察知しているから悩みます。

これだけの場合は、それへの理解と努力が深まると心配が消えるケースもあります。その場合は、進めても良いです。

逆に知れば知るほど懸念が増せば、やはり現状維持が望ましいです。まだ機が熟していないのです。「自然ではない」ということです。

2. 悩むのは、自分の先祖霊と内在神が反対している場合があります。

このような場合は、素直な視点で、その問題を静観することが大切です。必ず見えてくるものがあります。

ただし、このような導きを正しく感じ取るには、普段から先祖と内在神へ感謝をしていることが大切であり条件です。

もしこれを、他人の判断に任せた場合、必ず後悔することになります。自分の遺伝子（先祖・内在神）を信じることが最善です。

幸運の秘訣は、自分の遺伝子（宇宙）を信じてがんばることです。神様と先祖は自分で努力する人間を、その人間の心の内在から助けます。

3．勇気が不足している場合も、人間は悩みます。

何でも悩めば1番のように判断して中止していけば、人生では何もできなくなります。本当に自分の先祖と内在神を強く信じることができれば、挑戦して失敗しても後悔はしません。

どうせ死ぬ時は、全員が一文無しの裸で旅立つのです。要は、失敗ということがそもそもなくて、味わった経験だけが存在するのです。自分の良心に沿った経験こそが、真の財産であり、アノ世にも持参できるモノなのです。

大いに挑戦する勇気を持ちましょう。

結局コノ世は、自分から愛情を「出す」こと、良心に沿った経験を「する」こと、自他を助け「ようとする」ことが大切です。
何かを「得る」ことではないのです。

このような話を読んでも悩む人は、それでも自分が生活できることに、まず感謝をしましょう。全員が、誰かの御蔭で生活ができるのです。
この基本に気づけることが、良い方向に向き出す一歩なのです。

生かして頂いて　ありがとう御座位ます

［有り難いことに気付きましょう　二〇一二年三月三十一日］

14 見る視点だけで人生は改善します

人間というものは、元気な時や調子に乗っている時は、身の回りにある小さなサインや他人のことは気にならないものです。他人に冷たくもできるものです。

しかし、自分の調子が悪くなりますと、急に周囲のことが気になり、細かいことにも気づき始めるものです。

元気な時は、自分本意が勝《まさ》り、弱い時には他人の視点を過剰に気にします。

では、精神の向上の視点では、どちらの状態が魂にとって良いのでしょうか?

調子に乗っている時には悪い縁も造りやすいので、他人を傷つけるぐらいならば、自分が不運な状態も「悪くない」と言えるのです。自分が不幸でもその分、他人の気持ちを理解できるならば、魂にとっては良いのです。

不幸も悪くないです。ただ、自分が不幸だからと他人も呪うような態度は、最悪です。これこそ本当に「不幸な人」です。先行きも暗いままで、光が見えません。

形だけでも先祖供養を実行できる人や、内在神（＝良心）に向き合う内容の「伊勢－白山道」ブログを読める時点で、その人は光に向かって歩き出しているので大丈夫です。やはり改善したい、良くなりたいという希望は生きる間は大切です。

私がサラリーマンとして二十年以上も勤務できたのは、仕事の中に「修行の視点」を持ったからです。これが大きなポイントなのです。この視点がなければ、仕事は嫌なことだらけだと思います。嫌な人物や競争、理不尽なことはいくらでもあります。

しかし、私の場合は、霊力や実現力の実験場でもありました。また、「前向きに」あきらめる、未練を断つ練習の場でもあります。仕事で嫌な刺激を受ければ、不屈の意志を持って喜々として受け切る覚悟を持っています。

家庭生活も、家族との相克《そうこく》の中に、自分の愛情力を高める修行場にいくらでもできます。それで得た愛情力が、自分自身を死後に助けることになります。

すべては流れて過ぎ去る中で、良い志《こころざし》を持つことが重要です。

要は永遠に「死ぬことができない」魂の視点では、コノ世の短い人生での調子の波、つまり幸運や好調や成功とは、必ず消えてしまう小さなことに過ぎないのです。

そんな小さなことよりも、不幸でも不運でも良いから、愛情を持つ人になれれば成功者なのです。

死後にも持参する意識となります。

さらに言えば、どんなに苦労しても愛情が勝《まさ》る意識とは、これはこの現実界に「生まれ出ることによってしか」獲得ができない重要な善徳の意識なのです。

今が幸福な人も、不幸な人も、この言葉を常に忘れなければ、すべてにムダはなく神様からの恩寵《おんちょう》（プレゼント）へと改善します。それは、

生かして頂いて　ありがとう御座位ます

［見る視点だけで人生は改善します　二〇一一年二月十四日］

15 コノ世というお化け屋敷の種明かし

（前項の感想）

- 前向きな気持ちで、良い意味で済んだ過去を「あきらめる＝手放す」ことを知る。
- 「思い通りにならないものを、思い通りにしようとするから苦しくなる」ということを知る。

ただし、自分の最大の努力を何事にもした上でないと、真の意味でこのことを知ることができません。生きる間は、自分ができる努力をやり続けることが大切です。「努力＝情熱」であり、結果は関係ないのです。結果にこだわる間は情熱ではなくて、それは執着です。

努力という言葉が嫌いな人は多いでしょう。

しかしここで、修行の視点、勉強の視点とは、どうしても人生には必要なのです。

修行と言いますと、滝に打たれるとか、御経を読む、瞑想するというイメージを持つことでしょう。しかし霊的には、これらは生活ができる・飯が食えるという大前提の上での娯楽に過ぎないのが実態です。

社会や家庭という日常生活の中にこそ、霊的な真の厳しい修行があります。これは途中でやめることもできない真の命懸けの修行です。

厳しい会社の中でも働く、希望が持てない家庭でもがんばる、恋人への執着を解く、不治の病でも何とか生きようとする……。先が見えない不安な中で、それでも努力し、何とか希望を持ち、そして結果に執着をしないということが崇高な修行なのです。

どんな人でも、今の自分の状況が修行だと思いますと、もっとがんばれる気がしないでしょうか?

これは期間限定で神様から与えられた真の修行なのです。どんな嫌なことでも、貴重な期間限定のことです。

すべては、生かされている上でのことです。

死は今生の卒業に過ぎず、次の入学へと誰もが進みます。ただ、途中で自主退学（自殺）

をしますと、次の進路が決まらずに長い浪人生活を送ることになります。

私たちは、先が見えない中をただ歩んで行けば大丈夫なのです。先が見えないことにも神様の神意があります。自分自身の本音と本性を出し切るためなのです。

コノ世という、神様が創られた先が見えない「お化け屋敷」に騙《だま》されながらトボトボと歩いて行けば、必ず光の出口へと死後には誰もが出る仕組みなのです。

その死の出口の先に踏み込めば、ただただ感嘆します。誰もが、「ああ～」「おおー」と感動します。大半の魂が、コノ世に戻りたいとは思いません。

そして、後ろの出口を振り向いた時、今生のすべての喜怒哀楽が先祖と神様からの恩寵《おんちょう》（プレゼント）だったことを知ります。

生きる短い間は、少しでも感謝をしながら生きれば間違いはございません。

生かして頂いて　ありがとう御座位ます

［そういうことなんですよ。二〇一二年三月三十日］

16 「想定して忘れる」という極意

私のサラリーマン人生における初めの十数年間は、企業ごとの業務管理のシステムを受注する営業マンでした。今はまったく別の分野の仕事をしています。

私はシステムのソフト開発は素人でしたが、客の業務の改善点を盛り込んだ全体の流れを提案する能力だけは直感でありましたので、受注を重ねることができました。

受注した後には自社のシステム・エンジニア（ＳＥ）を連れて、客先での詳細な打ち合わせが始まります。

私は素人のお客様と同じ目線に立って、「これができないか？　あれもできないか？」とするわけです。受注する前の営業段階でも、「できます」と約束していることがあります。自社の開発予算内で客を満足させるように、自社と企業の間の落とし所を誘導するのが、営業の重要な役目でもありました。

問題は、数ヶ月から一年もの開発期間を経てから納入して、企業の実務での稼働を始める時です。無事に業務が運用するように、初日から本当に緊張しました。もし、問題が発生すれば、トラブルの弁償や自社の開発費の回収に懸念が生じます。

御蔭様で、受注した仕事の大半が無事に稼働しました。

この時に大切だったのは、あらゆる悪いパターンを想定した事前の洗い出しでした。「もし、〇〇したならば」を想定して、それへの対処を確実にしていきます。私は、悪いパターンを思いつく天才だとＳＥから言われていました（笑）。

すべてがうまく行くなどと、簡単に思っていては絶対にダメでした。現実界とは、そういう次元なのです。ここが、今の精神世界に欠落していることであり、実践力をなくしているポイントです。

私の人生を振り返りましても、事前に「もし、〇〇したならば」と想像できた悪いことは起こらないのです。もし起こっても、慌てずに淡々と対処をしたでしょう。

そして、悪い想定をできたことは、普段からそうならないように無意識に自分が動いているものです。それへの努力もするものです。

だから、悪いことが実際に起こった人は一様に、

「**そんなこと、思いもしなかった**」

と言います。

事前に想定していても現実に悪いことが起きれば、私はきっと「仕方がない」と思うでしょう。

「生かして頂いて　ありがとう御座位ます」という生死の視点から問題を見ますと、「生きているだけで十分だ」と覚悟ができますし、むやみに落ち込むこともないです。

悪いパターンも想像できる心の余裕と、「仕方がない」という執着を離れた覚悟を持てば、人生は気楽になります。

極意は、悪いことを想定できれば、「それを忘れても良い」です。無意識下に渡して、仕舞っておきます。心配な点を知って〝置く〟ことが大切なのです。

正知《せいち》（正しく知ること）は、人生を改善させます。

そして、いつまでも心配して執着することが一番ダメです。

悪い心配を忘れて、明るく覚悟をしていれば、災難は去ります。以上のような小手先も、この言葉で生きていれば不要となります。それは、生かして頂いて　ありがとう御座位ます

[想定して忘れる極意　二〇一一年二月二十四日]

17 人は身軽に生きることが最善かも知れません

（前項の感想）

公的機関や学者から太平洋側での連動する三大地震（関東・東海・南海）への懸念が頻《ひん》繁《ぱん》に報道されていますが、私たちは生活を変えることができないものです。

これは過去の地下鉄火災において発生した、周囲の人々が避難しないから自分も逃げないという「多数派同調バイアス」が国家レベルで生じているとも言えそうです。

地下鉄火災の場合は、煙が充満しても多数が静かに座り続けるという、非常に奇妙な呪縛状態が起きました。声を出すのが恥ずかしい、逃げるのが恥ずかしい、隣の人もそのまいるからという心理が人間を縛るようです。

しかし、地震の場合は事前に引っ越しをしたところで、新天地で生活ができなければ別の悲劇が生じるものです。家のローンを抱えたままで、失業しての引っ越しなどはできないものです。この数年間で移動ができる人は、偶然という何かの縁によりすでに動かれたことでしょう。

結局は、今の自分の生活の中で、防災想定をしながら楽しく生きていくしかないようです。もし津波が来たら、もし河川《かせん》が氾濫《はんらん》したら、もし大火災が発生したら、どのように動くのか？　これを事前に決めておくことが大切です。

千年に一度の大震災のために、故郷と財産を事前に捨てることは難しいです。古代人と私たちの一番大きな違いは、実はここなのです。

歴史的な大災害を生き延びた古代人は、棲家《すみか》の移動を頻繁にしていたのです。特に「山の民」と呼ばれた集団は、定期的な移動生活を近代までしていました。固定財産を持たない人々は、嫌な大自然の気配があれば身軽に移動をしていったのです。

そして古代から現代へと多くの遺伝子を引き継ぎ、それを今の日本人に残すことができました。

これから、移動しない・移動できない日本人が、どれだけの遺伝子を未来に残すことができるのでしょうか？

現代人はお金に負けた、財産に殺されたと古代人は思うかも知れません。しかし、私たちは財産と共に生きるという前代未聞の選択と挑戦を、大自然に対しておこないつつあります。財産の価値がわからない子どもには、今の大人が奇妙な「裸の王様」に見えるかも知れません。本当に大切なモノが見えなくなっているかも知れませんね。

やはり、すべては偶然という「縁」が、これからの個人の運命を分けます。

縁とは、過去に決まっているものではなく、今も自分で日々「創り続けている」ことを知らない人が多いです。

だから、過去ばかり心配してもムダなのです。

今の自分が、明日の縁を創っています。

これを忘れてはいけません。

明日の良い縁を創るには、

1. **自分ができる努力をすることです。**

防災想定でも仕事でも家事でも、何でもできることをしましょう。

2. **先祖に感謝するという、遺伝子のアンテナを日々磨くことが大切です。**

感謝するほどアンテナ(遺伝子)の感度が増し、様々な導きと生命力の再生が起こります。

これが生死を分ける危機一髪の偶然を起こします。

3．自分の心の内在神へ日々の感謝をすることです。

内在神には、生死を超えて、死後にも自分の魂がお世話になります。

コノ世の苦難を超えた絶対安心の境地へと、内在神が誘《いざな》います。

様々なことを想定しながら、感謝しながら生きれば、最後は大丈夫になります。

生かして頂いて　ありがとう御座位ます

［現代人の初めての挑戦　二〇一二年四月十五日］

第二章

白山ククル女神の世紀の始まり

1 自分を静観すること

脳には、左脳と右脳があります。「脳＝宇宙の縮図」だと感じます。

宇宙は、一つなる存在が産み出す陰陽（＋－、右回転・左回転、凹凸、イザナギ・イザナミ、男女……という様々な陰陽）から構成されるとも感じます。つまり、

- 左脳＝見える宇宙＝肉体＝反転して陰＝女性
- 右脳＝見えない宇宙＝霊体＝反転して陽＝男性

このような感じがします。


そして、左脳と右脳をつなぐ接点である間脳《かんのう》が最重要なのです。

日本語の不思議により、「間脳＝感応」であります。間脳（感応）を支配するのは、心です。

心は、「良心＝内在神」です。

医学的にも間脳（心の作用）が、自律神経とホルモン分泌を司《つかさど》るとされていますから、

呼吸・食欲・性欲・運動・風貌・体型……、つまり、人生を左右すると言えます。

ここで問題なのは、脳は微細な電気信号のカタマリだということです。余計な電気信号が外部から加わりますと、ショート（心の病）したり誤作動をしたりするのです。だからもし、自分のオリジナル磁気以外の余計な霊的磁気が肉体に憑《つ》きますと、確実に誤作動の原因となります。人生も健康も運命も、悪くなる原因になります。

ここで、他人（＝違う宇宙）からの霊体磁気を憑けられる行為（ヒーリング、様々な霊的伝授など）を受けますと、確実に自分のオリジナル磁気が狂います。そして脳内で霊的なショートが発生し、人生が狂わされます。本当に自己を弱める行為です。

これは、太陽電磁波が強い現在では、有料・無料もすでに関係なく、特に悪徳な霊的背景の行為は物理的な電気信号として確実に悪影響を及ぼします。

太陽電磁波という絶対に逃れることができない電子レンジの中では不要な磁気（ここでは他人の霊的行為による磁気）を身体《からだ》に巻いているのと同じです。確実に肉体は悪影響にさらされます。

実際の宇宙でも、違う宇宙同士が接触しますと、大爆発が発生するそうです。今も接近していて爆発する可能性のある宇宙が確認されているようです。

余計な霊的磁気を自分に憑《つ》けている限りは、脳による誘導を素直に、正確に受け取ることができません。他人ではなく自分自身を信じて、命が来た元である先祖霊と、その先につながる神様を意識することが大切です。

生きる限り誰もが今も、自分の遺伝子を通じて先祖と神様につながって「いる」のです。

正しく感謝の信号を自分から発信すれば、必ず遺伝子の霊線を通じて先祖と神様につながっています。だから、安心して自分の心（良心）を信じていけば大丈夫になります。

前記の右脳・左脳と、男女の性別の結び付けに関しては、今までの地球波動の下では聖人に男性が多かった理由でもあります。

意識の最後の一線を超えるには、毎月の生理の影響を受ける女性の魂はハンディがあり、男性に転生してから超えるという側面があったのです。肉体を持つ場合、女性の毎月の生理周期は大きなハンディです。子どもという肉体を産むための交換条件です。男性の場合、心が清まれば月の周期の影響から外れて、一定の精神状態が保てます。

死後に執着がなければ、アノ世では魂の性別は消えます。


しかし、今後の人類は精神的な中性化（慈悲の心）が進むことでしょう。

これからの時代は、平凡な主婦がある日、覚醒（内在する神に目覚めること）するかも知れません。

そういう時代に入って行きます。

生かして頂いて　ありがとう御座位ます

［自分を静観すること　二〇一一年二月六日］

2 比較心が自分を苦しめます

（前項の感想）

前項の内容が基本なのですが、最終的に自分に一番の悪影響を及ぼすのは、霊や他人からの刺激や霊的磁気ではなく、自分自身の「思い」だということを人間は知らなければいけません。

自分を傷つけるのもダメにするのも、自分自身の「思い」と「行為」からだということを自覚しましょう。

これを他人のせいにしたり霊のせいにしたりして自分自身を静観しない限りは、何をしても改善は難しく、リピートを繰り返します。

一番の強敵は、自分の自我（我良《われよ》し。他と比較する思い）なのです。

他人と比較する気持ちは、自分を苦しめ、家族をも苦しめます。比較する思いは、差別する気持ちも自分にあるということです。

コノ世の戦争にしても、社会の苦しみにしても、すべての悪事の根源には比較心（差別する気持ち）があるのではないでしょうか。

霊的には、比較する・差別するとは悪魔の思いなのです。様々な闘争・悪影響を起動させます。


だから、自分自身を他と比較する思い、他人を差別する視点を、今のこの瞬間に捨て去ることを誓うことが大切です。自分の先祖と良心（内在神）に対して誓うのです。改善が、その瞬間から始まると感じます。

自分は差別などしていないと思っていましても（無自覚の悪影響）、他人を意識した比較する思いは、必ず差別につながります。

差別する心は、魔物とつながるサインです。国家をも動かすほどのパワーを出します。要注意です。


自分の心の中の比較する心、差別する心を認めて、自分から捨て去ることです。

良心に従うアホウになることを恐れてはいけません。

自分はアホウだと他人から思われたくない人ほど、自分の心を苦しめています。

強い差別主義者は、最終的には自殺する人が多い傾向を感じます。自分自身のことを一番いじめていた人でもあるからです。

まずは、比較する心、差別する心（悪魔）が自分に隠れていないかを静観しましょう。その瞬間から心身の改善・解放が始まると思いましょう。

生かして頂いて　ありがとう御座位ます

［比較心が自分を苦しめます　二〇一二年三月十四日］

3 成功する人は悩みません

脳科学の番組の終わりの部分をチラッと見ました。ジャンケンを二人でおこない、ジャンケンを出す前に何を出すのかよく考えてからおこなうことを何回か繰り返します。

この時の脳の内部で発生する電気信号を、脳の断面を映像化して表示しています。ジャンケンの手を出す時の脳画像には、三種類のジャンケンに応じた特徴が現れていました。何を出すのか「意識して」よく考えている時は、三種類のジャンケンの特徴がグルグルと交代で現れていました。

ここで興味深いのは、ジャンケンをしようとして二人で向き合った時点、つまり何を出すのか考える前に、三種類のジャンケンの内の一つの特徴の画像が「すでに」出ているのです。

そして、本人が何を出すのか考え始めますと、三種類の特徴の画像が交錯するのです。この結果は、相手と向き合った時に現れた、考え始める前に表示されたジャンケンを出しているのです。

つまり、出すジャンケンを考える前に、ジャンケンをしましょうと向き合う時点で、無意識に脳が「先に決めている」可能性が高いという結論でした。

私の感じでは、何を出すのか意識して悩み迷った上で、もし向き合った時点で脳に最初に現れていたジャンケンと違うパターンを、**他人のアドバイスを聞いて出してしまった時、**そのジャンケンの結果は「負ける」と感じます。自分の思考（自我）が邪魔をして、脳が出していたサインを邪魔するのです。

だから私たちはあまり悩まないほうが、脳が出す答えを表現しやすいのです。人間は、素直さを持っていれば、脳の誘導に導かれます。

ここで思い出して欲しいのが過去記事の初期宇宙の「始まり」の写真です（二〇一〇年七月十一日記事、『宇宙万象第3巻』第四章「あなたも一つの宇宙の代表者」参照）。

まさに人体の脳の形象が、宇宙の初期形成において映像としても実在するのです。人間は一人ひとりが、頭内に宇宙を保持しているのです。

このジャンケンにおける考察で一番に重要な示唆《しさ》は、「相手と向き合った時点で」答えが出ているということなのです。頭に一つの宇宙を抱える人間同士が向き合うとは、実は凄いことです。

問題は、脳が決める答えは、その時の自分に都合の良い目先の結果だけではないということです。あえて自分の脳が負けさせることもあります。その理由は、その先のことを、脳がすでに知っている可能性があるからです。

他人を騙《だま》すことができても、自分の脳を騙すことは不可能です。すべてを公平に見て記録しています。

あまりにも酷《ひど》い行動を自分がしていますと、自分の脳が他の宇宙（＝他人）の代わりに復讐《ふくしゅう》をするかも知れませんよ。自分の脳は、何が正しいのかを知っていますから、間違った自我（我良《われよ》し）の行動や発言があれば、無意識下で自分自身を正す動きを始めることでしょう。

これが良心＝内在神の一面でもあります。

だから、素直を心がけて、自分の良心に従って生きて行けば大丈夫です。

自分の脳＝宇宙が味方をしてくれます。

宇宙＝脳が助けてもくれます。

人間は上手く行く時は、あれよあれよと自然に進むものです。

心配はしても悩まないのです。

心配とは、危険要素や問題点を「認識する」ことです。

心配＝心を配ることです。


これは大切なことです。

この上で、悩まない、思考を引きずらない時は、物事が自然と進むものです。

だから悩む時は、一度立ち止まって、その状況を静観する必要があります。要は、時間の経過を待つ「要素」が必要だという、脳からのサインでもあります。


素直さと静観をすることの大切さを知るだけでも、人生にはプラスです。

生かして頂いて　ありがとう御座位ます

［成功する人は悩みません　二〇一一年二月五日］

4 人間は星々を代表する一つの宇宙なのです

（前項の感想）

コノ世の難しい点は、時間経過を待つ必要が必須の場合もある、つまり機が熟すのを待つことも必要な世界であることです。人間は、「**正しく待てない**」から色々と心配して、失敗をすることもあります。

こじれた人間関係などは特に冷却期間が必要なケースがあり、この間を待たずに改善を図りましてもダメなものです。互いに冷静に物事を見る時間が必須なのです。

例えば、中国の戦略に長《た》けた過去の偉人などを観ますと、この「待つ」ことを知る人間が成功しています。

しかし、いつまで待てば良いのか？　このままで終わるのか？　と凡人は悩みます。

でも、**人間界では、時を待つことも必要であり、長い視点で静観すること**。

これを知っているだけで、その人の運命は少し変わります。

長い視点、大きな視点で静観していますと、相手や物事の様々なことが必ず見えだします。または、知る縁を持ち始めます。そうしますと動くべき時に、自《みずか》ら自然と動いているものなのです。

これを促進させるには、普段の生活の中で先祖への感謝をすることが大切です。

なぜ先祖なのか？　と言いますと、遺伝子ＤＮＡのつながり、既婚女性ならば婚家との霊線（三本目の遺伝子）のつながりがあり、これが脳内の電気信号と関係するからです。

このことは正しい先祖供養をしている家では、優秀な子どもさんが散見されることとも関係します。もちろん例外はありますが、学者を多数輩出する家系では遺伝などと言われますが、遺伝＝先祖関係の影響なのです。

知恵やアイデアが「閃《ひらめ》く」と言いますが、これは本当に電気信号が脳内で発生しています。降りてくるものなのです。

これが進みますと、カンナガラ状態（内在神の発露）となり、あるがままに自然と活動する人間となります。

こうなりますと、悩まない人になるのですが、ここで誤解があります。物事の先行きがナントナクわかるから悩まないのか？　と人は思うものです。

しかし、これは違うのです。

凡人と同じく先などわからないままです。ただ、今を有り難く楽しめる人となり、先行きを知ろうとする気持ち自体がなくなるのです。

人は先行きを知ろうとして悩みますが、ここにこそ不運と誤解の原因が発生しています。

初期宇宙の写真を見ましても、まさに人間の脳と同じです。「一人の人間＝一つの宇宙」なのです。自分は一つの宇宙を代表して、コノ世に出生している真実を人間は知らなければいけません。

一人の人間には、無数の星々（魂）が運命を託しているのです。多くを代表して自分が生まれているという、この良い意味でのプライドをなくしますと、自分の心身を痛めてしまい、何かの交換条件で売ることもしてしまいます。

これが、すべての悪運・悪循環の原因です。

自分の中に創造神（内在神）が存在する自覚を持ちましょう。
先行きを心配するよりも、今を懸命に歩きましょう。
それが道となります。

生かして頂いて　ありがとう御座位ます

［人間は星々を代表する１つの宇宙なのです　二〇一二年三月十二日］

5 耳鳴りを感じる人が増加します

二月三日は節分《せつぶん》ですね。旧暦では一月一日の元旦です。

今回の節分は本来の季節だけではなく、様々な意味で「節《ふし》を分ける」始まりだと感じます。

また、今年（二〇二一年）の節分は新月《しんげつ》（月が再生して生まれる日）とも重なります。植林の世界では、新月前からの伐採《ばっさい》が良いとされているようです。月の引力の関係で、立木の内部での水分量に影響していると思います。

大木になりますと、幹の内部が保有する水分量とは凄い量であり、耳を幹に当てますと内部を流れる水の音が聞こえることもあります。この木材内部の水分量が、新月の引力の影響を受けて伐採にふさわしい状態になりやすいと感じます。

しかし、これは物理的な引力の影響での木の状態の変化であり、近年の新月を利用したスピリチュアルの考え方は、迷信化していると思います。

つまり、月の新月のパワーとは物理的な引力の影響であり、スピ系の願掛けなどとは何の関係もありません。

むしろ、自然現象を個人の欲望とリンクさせることは、弊害《へいがい》のほうが大きいと感じます。魔界が交換条件の「吸い上げ」をするのに、便利な時期だと言えます。

ただ、新月の日は、新しいことを始めるには良い日だと感じます。


今週からは、耳鳴りや、耳の不調を感じる人が多いと思います。二桁台《ふたけただい》の太陽黒点の発生が続いています。最近の黒点は、数的には従来の個数ですが、一つひとつの大きさや影響力が増大しているのです。この影響により、節分を前にして聴覚への影響が具体化していると、今朝の神示で示されています。

耳の不調を感じた時は、今は静観をするのが良いです。ただ、耳の不調を感じた時点で、安心のために一度は耳鼻咽喉科の診察を受けることを参考にしてください。

おそらく不快な雑音を聞く人もいるでしょうが、それを過剰に心配して不安にならないことが大切です。腹式呼吸を意識して、静観するのが良いと思います。


昨日（二〇一一年二月一日）は新燃岳《しんもえだけ》の噴火により大きな空気振動（空震）が建物を破壊したという報道がありました。爆発が空気を押す力とは凄いものです。

私たちの耳も、極端な気圧差が起こりますと、鼓膜を押される状態になっています。特に飛行機の搭乗により耳の不調を感じる人は、これから上空の気圧変化を受けて耳鳴りを感じやすくなると夢想します。

太陽電磁波は、気圧変化にも大きな影響を与えると感じます。

何事も慌てずに、冷静に見ていきましょう。

生かして頂いて　ありがとう御座位ます

［耳鳴りを感じる人が増加します　二〇一一年二月二日］

6 コノ世のカギは「流れ」です

（前項の感想）

やはり、この記事から一年の間に、耳の不調を感じる人が増しています。

考えてみますと、あの大木の内部が、二十八日間の月の運行により水分量が激変する位なのですから、同じ地面に立つ人間も血流とリンパ液の流れに重力（月など）の影響を受けると考えるのが正しいです。

問題は、体液であるリンパ液に電磁波の影響を受ける成分が多いことだと感じます。リンパ液には体内の老廃液などが存在しますので、この中に金属性イオン成分が存在するからだと感じます。

特に耳の奥の蝸牛《かぎゅう》という渦巻き状の器官の内部は、リンパ液で満たされています。このために太陽フレアや太陽黒点が増した時に、内耳の奥が電磁波の影響を受けて、耳鳴りの雑音・違和感につながると思います。

リンパ管は、胸部にも密集しています。リンパ液の流れの停滞が、乳ガンの因子になる可能性も感じます。

とにかく、血管の年齢、血流、リンパ液の流れ、これが健康の元だと感じます。これを意識したバランスの良い食事と、軽運動、適度な白湯の飲用が大切なのです。

最近の私がはまっている運動は、昔に流行した両手を頭上に高く上げて合わせた状態で歩くことです。

歩かなくても、椅子に座ったまま両手を高く上げて合わせることを、一時間ごとに数分間するだけでも意味があります。

1. 姿勢が改善されます。
2. ウエストが本当に締まります。
3. 胃が上方に上がり、食事量が適正化されます。
4. 呼吸が楽になります。

以上は、ここ一ヶ月間ほど継続した結果、私が感じていることです。私の年齢で、背中の逆三角形化が進んでいます。ただし、無理は不要です。

この運動は、血流やリンパ液の流れにも影響するでしょう。いつも下げっぱなしの両腕を高く上げることは、良い刺激になるはずです。皆さんの参考にしてください。

大祓詞《おおはらえのことば》の後半に明記されていますキーワードは、川の清流の「流れ」です。

コノ世のカギは、万物における「流れ」なのです。

人体の内部も「流れ」が大切ですし、自分の心も様々な物事・懸念・心配を溜《た》めずに「流す」ことが重要です。

自分の心を素直に流していきましょう。

そうしますと、心身も変わって行くものです。

生かして頂いて　ありがとう御座位ます

［カギは、「流す」ことが大切なのです　二〇一二年三月八日］

7 太陽からの救援

二月十五日の太陽黒点百個の発生で認識した興味深い現象がいくつかあります。室内でも、飛行機の離着陸時のような気圧による鼓膜への影響を感じていました。

約二年前の過去記事でも記述していますが、太陽電磁波が地表の部分的な気圧を変化させることを体感しました（二〇〇九年二月二十七日記事、『森羅万象8』第四章「宇宙からの波動砲」参照）。

この影響により、めまいやフラつき・耳鳴りを感じる人が今年から増えていると思います。特に内耳の奥に潜伏した問題を持つ人は、顕著《けんちょ》にめまいと耳鳴りを感じ出していると思います。

耳の聞こえる機能と肉体のバランス感覚とは、内耳のリンパ液の循環に依存していると感じます。耳部のリンパ液が気圧の変化を受けて停滞しますと、様々な障害が現れるはずです。

改善方法を調べてみますと、結局は、

1. 体質改善（自律神経の乱れを正す規則正しい生活）
2. 食事療法（有効とされる食材や良い水分を積極的に摂る）
3. ストレス対策（軽い有酸素運動、趣味を楽しむ、十分な睡眠）
4. 血圧の安定（オメガ3系の良い油分を摂るなど）

と思われます。

太陽黒点は、現実的な圧力を与えだしているのです。そして、見えない部分への太陽霊光の影響は、巨大なものになっています。世界各地では、抑圧された民衆の動きが始まっています。

もともと自由な日本では、その次の段階である見えない精神面での解放が始まっています。

これから良心を照らす太陽霊光に耐えられる人間だけが残ります。

生かして頂いて　ありがとう御座位ます

［太陽からの救援　二〇一一年二月十九日］

8 太陽フレアによる長期停電への備え

（前項の感想）

一年前のこの記事は、貴重な啓示でした。

「宇宙からの波動砲」は、今では世界中で謎の不気味な轟音《ごうおん》としても実際に聞こえだしています。都市部だけではなく、カナダ・アメリカの森林地帯でも謎のラッパのような大きな音が観測されています。

新約聖書の黙示録にあります、世の変わり目に現れる天使のラッパだと言えます。

この不気味な音は、私には傷ついた地球からの叫び声にも聞こえます。あまりにも人類が地球を傷つけたために、太陽に向かって救援要請のSOSを発していると言えます。太陽フレアという発信に対して、地球は受信信号を出しているのです。

「ここだよ」

「助けに来て」

という意味です。

地球には、原油や天然ガスを吸い出すために、いったい何本の管が突き刺さっているのでしょうか?

さらには核実験も繰り返してきました。もう地球が泣き叫び、悲鳴を上げ始めていますので、限界が来つつあると思います。

二〇〇七年のブログ初期からの重要なテーマであります、太陽フレアからの強烈な電磁波に人類は備えなければいけません。

一九八九年に太陽から発射された巨大な太陽フレアが地球に到達した時間に、カナダのケベック州の発電所が九時間にわたり停電しました。

アメリカでも太陽電磁波が到達した時間に、謎の停電が観測されています。近年では厳しく管理されている日本の発電所でも短い停電が増加しています。

アメリカの全米科学アカデミーは、一八五九年に発生した太陽フレアが電信機器と金属ケーブル類を自然発火させるほどの影響を起こした事例から、もし今の現代社会で同規模の太陽フレアが発生しますと、世界中の発電所が根本から破壊されると予測しています。

るると数年を要すると予測されています。

発電所を一から作り直すことになるでしょう。電源復旧には、最短で数ヶ月間、下手をすると数年を要すると予測されています。

問題は、世界中に四百基以上も存在する原子力発電所です。予備の発電機も、太陽フレアに破壊される可能性が十分にあります。いったい、原子炉の冷却はどうなるのでしょうか？　長期の停電が発生しても、原子炉の運転を安全に停止させる仕組みを早急に造る必要があるでしょう。

ＮＡＳＡは、二〇一三年の春頃に大きな太陽フレアの発生を予測しています（二〇一〇年六月発表）。アメリカではニュース番組でも取り上げている太陽フレアと発電所の問題が、日本では無視されているようです。「想定外」のままでは、去年（二〇一一年）の嫌な経験が生かされていません。

しかし、近隣国にもたくさんの原発がすでにありますから、もう別に良いのかも知れません。日本だけが自主的に対応しても、意味がないからです。

世界基準の危機想定の法律を早急に作り、人類が厳守することが未来を左右します。

太古の地球では、強烈な宇宙からの放射線の中で生物が進化した歴史が存在します。

これから人類は、さらに放射線への耐性を持てるか、否《いな》かの、進化を強制的に迫られるかも知れません。

この時に、福島の経験がムダではなかったとなります。


このような「紙一重」ギリギリの状態でも、人類がいまだに生かされている事実があります。今に生かされていることに、人類が感謝を始めることで新たな進化が起こると感じています。

必ずナントカなります。

生かして頂いて　ありがとう御座位ます

[進化しましょう　二〇一二年四月二日]

9 ヘソ下三センチを意識して歩く

昔の日本人は、「腹に納める」「腹を割って話す」「腹を決めた」「腹の大きい人だ」「腹が小さい」などと表現しました。

まるで人体で腹が最重要であり、腹＝精神＝心でもあるかのような認識です。

私は他人が歩く姿を見る時、その人の腹の辺りを見ます。肉体が健康で強い人は、腹の位置のオーラの輝きが強く、堂々とした感じがします。強い武道家や、美しい女性は、腹が安定した動きを自然にしています。

人体の中心である腹で歩くイメージを普段から自分が持つことは、心と身体の健康には非常に良いことです。姿勢から改善されます。そして、自然な腹式呼吸ができるようにもなります。

白隠禅師《はくいんぜんじ》はとても病弱で、死ぬ一歩手前で、ヘソ下三センチで腹式呼吸を意識することで復活されています。

ベッドの中で生活する病人も、腹式呼吸を意識することが寿命を延ばします。腹（命）を創ることに通じます。

霊的磁気の観点からも、頭で悩まずに、気持ちを腹に向かわせるのは良いことです。余計な悩み磁気を頭に憑《つ》けていては、運気が下がり漏電します。脳ミソのない腸に気持ちをやるとは、要は「悩むな」ということです。

しかし、「腸と善玉菌が運命を左右させる」という内容の過去記事にもあるように、嫌な気持ちばかりを腹に納めていてはダメです（二〇一〇年十二月十一日記事、『宇宙万象第6巻』第一章「善玉菌は神様の代理人です」参照）。善玉菌が死に、病弱になります。だから嫌な気持ちは、水に流して、「生かして頂いて　ありがとう御座位ます」を腹に送りましょう。

そして脳は空《から》っぽが良いです。思考の空《くう》は、天才を生みます。良心（内在神）が発露しやすくなるからです。これに腹式呼吸が加われば、その人間は心身ともに生まれ変わって行きます。

さらに、感謝の先祖供養という「他者へ」の慈悲《じひ》（情け・愛情）の行為を重ねることができる人は、多くの本当に大切なモノを与えられます。

昔の袴《はかま》や着物の文化は、腹巻も含めて、腹全体とヘソ下を最大に意識した着衣だったと言えます。自然と人体の中心が安定し、思考も安定したのです。

自然と腹式呼吸もできるので、昔の日本人の全体の体力は、現代人よりも断然に強かったと思います。着物が腹（ヘソ下三センチ）を創り、日本の文化と精神を作ったとも言えます。名横綱の双葉山などは、腹が「できていた」体形をしていました。腕が細くても、最後には勝つのです。

男性は傾斜台での腹筋も運動習慣に慣れれば有効です。足先で三角形を形成する、内またを意識した状態で傾斜台に足を固定して、腹筋を重ねます。メタボ対策にも有効かも知れません。

身体全体の力が増す感じがします。

でも、腰を痛めることもありますから、自己責任で自己判断しましょう。

女性も、ヘソ下三センチを意識して歩き家事をしますと、猫背が改善して呼吸が改善する人もいます。美容と健康に良いと思います。
ヘソ下三センチを意識して歩いてみましょう。

生かして頂いて　ありがとう御座位ます

［ヘソ下３ｃｍで歩く　二〇一一年二月八日］

10 白山の女神様の時代の始まり

（前項の感想）

覚悟することを、「腹をくくる」とも言いますね。しかし、人間が本当に深く覚悟した場合は、何事も無難へと変化するものなのです。想定していない、覚悟していない物事とは、突然にやって来るものです。

東日本大震災を経験した今、世界中で日本人ほど大自然を畏《おそ》れている人類はいないかも知れません。そもそも自然を畏れるとは、神道の基本にあるとても正しい態度なのです。日本において、大津波が福島原発を破壊したのは、大自然の神意だと思ったほうが良いです。

ある評論家が、被災した福島原発の海側の場所を視察した時、その完膚《かんぷ》なきまでの破壊ぶりを見て、ミサイル攻撃を受けたのかと思うほどの惨状だったとのことです。それほど海の怒りは大きかったのです。

これを偶然だと思ってはいけません。大自然からの真剣なお知らせであり、このままでは人類は存続ができませんよという、大自然（神様）からの最終通告だと思うほうが科学的です。

地球上の進化の歴史を見ましても、ある生物種が突然に絶滅することは、思う以上に簡単に起こって「きた」のです。


その点、ドイツは聡明な判断をしました。福島原発事故を見ただけで、すべてを悟るようにして原発撤退の腹を決めました。

一を知って十を知る知性が、ドイツにあったのです。他国は痛い思いを知っても、止める覚悟ができないままです。

日本は火山大国の火の国ですから、国策で地熱発電に全力を傾ければ、必ず何とかなります。高効率な地熱発電機を世界中に輸出しながら、自国では原発に依存してきたという間違いをしています。

これも金が絡《から》む利権という悪魔が、大自然を怒らせることをしたのです。


神の一撃が日本に最初に降りたということは、世界中に何百基と存在する原発にも同じリスクがあります。これを考えたくない、想定したくない、というような覚悟ができないことは最悪な事態を招きます。

今（二〇一二年）から原発を撤退するにしても、世界が大陸移動しようとするこれからの鳴動時期に、ギリギリ間に合うかどうかの時節だと感じます。

今の日本に足りないのは、原発を止める覚悟、リスクを直視する覚悟です。

私たち個人は、「それでも」生かされているという視点を何事にも持つ覚悟をしましょう。

この覚悟ができれば、コノ世を見る視点が変わり、とても有り難い世界だったことに気づけます。

そして、どんな中でも楽しめるようになります。

生かして頂いて　ありがとう御座位ます

［白山ククル女神の世紀の始まり　二〇一二年三月十九日］

11 何を守っているの?

社会を観ていますと、近年から特に増えているのは、**視線恐怖症**《しせんきょうふしょう》の人々です。とにかく他人が自分のことを見ている、陰口を言っているとナゼか思ってしまう心配症です。

これが高じますと、次には**監視恐怖症**《かんしきょうふしょう》(私の造語です)という、自分のすべてが常に見られている、監視されていると思い込んでいる人が意外にも多いのです。

視線恐怖症は、会社内では特に増えています。何気ない他人の会話が気になり、「それは自分のことを言っている」と思い込んでしまい、密かに心を落ち込ませています。

一週間ほど熟考した結果、その自分のことを言ったと思い込んでいる相手に勇気を出して、何気なく「この前、誰々さんと話していたのは、私のことなの?」と聞いてしまいますと、その相手は何を聞かれているのかもわからなくて「はあ?　いったい何のこと?」と言われてしまいます。

そして本当に陰で、「あの人、変よ」などと言われてしまい、ますます落ち込むという悪循環におちいります。

自分自身が何らかの負い目・先行きの不安・寂しさを感じていますと、前記の心配症が出てきます。

これはよく考えればわかることですが、「自分は監視されるほどの有名人ではない」ということを思い出しましょう。パパラッチ（有名人を盗撮して写真を売る人）も見向きもしません。

人間とは自分自身が生きることに懸命であり、他人を注視するほどの暇人はいません。実際に社内を見ましても、上司や権力を持つ人のことは陰で話題に出ますが、同僚やその他を話題にしたとしても、本当に大した話ではありません。

このような心配症を感じだした人は、

「自分が守ろうとしているのは、いったい何なのか？」

ということを思いましょう。

このような人を観ますと、自我（自分だけのことしか考えない我良《われよ》しな心）が強くなっていませんか？　ということです。自分が守ろうとするのは、プライドなのか？　仕事なのか？　何なのか？　を静観してみましょう。

そして、それが自我の産物だと良心が判断すれば、捨ててしまうことです。

自分の自我を守る物事を放棄しますと楽なものです。

悪口を言われても、
「雨降らば降れ 風吹かば吹け」（一休）
「アホウになれ」（黒住宗忠）
と思い、淡々と自分が生活するための仕事をすることです。

そして大切なのは、「他者への行為」である感謝の先祖供養を通じて、自我を薄くすることができるのです。自分よりも、他者への思いやりと愛情を持つ練習（先祖供養）を毎日することで、無意識下で持つ自分の心の縛《しば》りが解放されます。

これは、感謝の先祖供養の実践により自然と変わることができた多くの人々の実例を、私は三十年近く見てきましたので言えます。

要は、心身症への薬剤投与や観念論では、心の病《やまい》を一時的には軽減できても、完治させることはできないのです。

自分が他者へ「与える行為」が、自分自身を根本から変えます。供養ができない人は、他人や植物・動物などに思いやりをかける練習も良いです。

最善は、縁ある身近な人々をサポートする練習です。仕事でも同じです。自分に具体的な形となって反射します。

生きる間は、色々と模索をして生き切りましょう。悩むことも、成長のための大切な体験です。

どのように自分の命を運ぶのかが大切なのです。

生かして頂いて　ありがとう御座位ます

［何を守っているの？　二〇一一年三月八日］

12 微笑むことから始まります

（前項の感想）

知人と会う回数が減るだけで、「私は避けられている」「私は嫌われているんだ」と考え込んでしまう人が意外にも多いです。

このように思ってしまう人は、すべてが受け身です。心がいつも何かを「待つ」状態になっています。能動的ではないのです。自分が世話をしてもらいたい状態です。

自分で動く能動的な人は、そのように受け身で待つ人の気配を何となく重たく感じてしまいます。

嫌いとかウンヌンではなくて、細かいことを気にする人だということがわかりますと、自分が気を使って細かい対応をするのが嫌になるのです。能動的な人は基本的に前しか見ていませんので、気を使わないで済む気楽な相手と会うことになります。

だから自分が避けられていると感じれば、自分自身が気楽になることが大切です。そして自分から能動的になることです。断られても良いから、どんどんアポイントを取って参加することが大事です。

自分がアホウになれば、相手も気楽です。

アホウと言いますと、伝説のアホウである「レレレのおじさん」の原点シュリハンドクです。釈尊の直弟子です（二〇一二年一月九日記事、『宇宙万象第6巻』第二章「何かに専念することは幸福を呼びます」参照）。

シュリハンドクが悟りに至る過程には、「受け身の行徳《ぎょうとく》」がありました。ハンドクの周囲の人間は、ハンドクに自分のストレスをぶつけてもいました。ハンドクが怒らないことを良いことに、イジメもあったのです。要は、気を使わずに済むハンドクが気楽だったのです。

ハンドクはこれを受け流しながら、ひたすら明るくゴミ掃除を遂行しました。その中で、「一寸の虫にも五分の魂」が宿るが如《ごと》く、低い知能でも見性《けんしょう》（内在神に目覚める）したのです。

イジメられても、イジメられても、その中で真理を見るのです。明るく遂行したことが、その条件でした。

つまり、イジメられたり、イジワルされることも、明るく流すことがもしできれば、これも相手を癒やした行徳の磁気が自分に堆積して、幸運を後押しする因果となるのです。

すべてに一切のムダはないのです。

自分が受けたことは、その反射が必ず様々な形で起こります。


自分がアホウになって、何でも「明るく」挑戦することが人生には大切です。

そして自分が気楽にいることが、他人を引き寄せます。

釈尊に人々が寄って来たのは、側にいるだけでリラックスして微笑むことができたからです。教祖のように威張った厳しさが、まったくなかったのです。


「正座せずに足を崩してあぐらをかきなさい」

と、ただリラックスして座るように釈尊は言いました。

釈尊の無言の微笑みが、人々を引きつけて癒《い》やしました。


私たちも、日常の中でまず微笑むことから幸運が来ます。

友人が欲しければ、気楽に微笑みながら人々にアポイントを取る、何かに参加することです。

そして断られても、アホウは追求しないし、考え込まないのです。
黙って微笑んでいるだけで、その気楽さが他人を引き寄せます。
明るく生きて行けば、すべては大丈夫（彼岸）へと至ります。
生かして頂いて　ありがとう御座位ます

［微笑むことから始まります　二〇一二年四月二十七日］

13 明るく捨てる練習

「少ない給料で一日中働いて、生活費を払えば何も残らない。こんな生活に意味があるのだろうか？　転職すれば、楽になるかなあ」

と思っている人は多いです。

しかし、内在神の視点では、働ける健康があり、飯を食える生活ができることへの感謝がすでに欠落しています。

転職にしてもそうです。

どこに行っても、今は知り得ない嫌なことがアタリマエにあるのです。言えることとは、転職するほど様々な意味でリスクは増します。嫌な人間は、どこにでもいます。これを避けようとする者が、損をします。

また、経営者とは失敗すれば、簡単にすべてを失います。末端の社員が問題を起こすだけで、ダメになっていくものです。

だから、どんな安月給でも、それで生活ができれば感謝をするべきなのです。経営者は財産と命を亡くす可能性がありますが、社員ならば十万円の給与でもプラスはプラスです。得るばかりです。後からの請求書は来ません。

しかし経営者には、後から様々な請求書が来ますし、生き方次第では霊的な交換条件の請求書が寿命にも来ます。

要は、**人間は自分が感謝するべきことに気づけない間は、その状態が継続する法則があります。**内在神が許さないのです。自分の内在神は、すべてを観て知っています。

だから生きる間は、常に自分が感謝するべきことに気づいているのか？　と自分自身を見つめる視線が大切です。

自分が感謝するべきことに気づけて、それへの感謝磁気が蓄積すれば、次のステップへ向かう状況へと〝自然とナントナク〟進みます。先祖霊と内在神が導きます。

ただ、人間が生きる意味で、大切な宿題が現実界にはあります。

人生とは、明るい意味での「捨てる練習」の場所だということなのです。

私たちは、最後まで何も持つことができません。持つことが許されないのです。神様が、そのように初期設定をしています。

最後には、肉体も捨てることになります。

だから、**自分が何かを持とうとするから、苦しむことになる側面があります。**


では、何かが欲しくて努力をすることは不要なのでしょうか？　いいえ、努力は非常に重要です。努力どころか、超努力を生きる間はするべきです。

何かを得るために、後悔しないように思いっ切り限界まで努力をしたほうが良いです。ただ、自分のためだけではいけないのです。自分のためだけでは、途中で息切れもするし、悪い執着にもなってしまいます。

家族や他人を助けたい視点を忘れないことが大切です。進学でも、他人に貢献をしたいから、自分が何をもって社会貢献をするのかを考える視点が必要なのです。

このような他のためへの視点を持っていれば、**必ず自分自身が生かされます。**そして、金銭も付いてきます。

生かして頂いて　ありがとう御座位ます

［明るく捨てる練習　二〇一一年二月二十六日］

14 「流れ」によるミソギ（禊）の神意

（前項の感想）

人間は生きる間、何でも持とうとします。お金・異性・子ども・家・車・宝石・会社・名誉……。しかし、全員が死という、すべてを「捨て去る」日に向かって毎日歩いています。最後は全部捨てることに必ずなるのに何かを持とうとする、この矛盾するサガ（性）の本能にも意味があります。

捨て去るには、一度は持たなければ捨てることができません。だから自分の魂が、捨てる練習（執着を切る）をするために、何かを一度は「持たされる」のだという視点を持ちながら人生を生きますと、とても爽やかな生き方ができます。良い意味で、すべてに嫌なコダワリが心（魂）から消えるのです。

だから、欲しいモノがあれば、それに向かって全力で努力をすれば良いのです。

自分ができる努力が不足するからウジウジと悩むのであって、悩む前に努力を「継続する」自分なりの超努力（やり切ること）が大切です。

結果がダメでも、できることをやり切れば、自分の魂は納得して逆に安心します。

そして、もし自分が何かを得る・持つことができれば、次にそれを捨てる練習が人生に始まります。恋人との別れ、家族との死別、お金を失う、健康を失う……、様々なことが人生に起こります。

しかし、これも神様が決めた人間の心（魂）を成長させるための「流れ」だという真理を知っていますと、嫌な執着から離れて大きな視点で見つめることができます。

何かを持ちたい（自我の働き）↓思いっ切り努力をしながら生きる
↓そして捨てる練習をする。

これが人生の「流れ」であり、これをちゃんとやり終えた時に人の魂は、清々しくなれます。魂の禊《みそぎ》という、肉を切らせて骨を断つような一つの進化（ミソギ・身削ぎ）をするのです。

これは魂（心）が肉体を脱いで、神様の元に「戻る」ための崇高な過程です。

この過程こそが、大祓詞《おおはらえのことば》の後半に明記されています、川の「流れ」に例えたスサノオ神による進化・育成の過程です。
一見とても厳しい方法ですが、人の心が根源的な太陽神（天照太御神《あまてらすおほみかみ》）の元へと「帰る」ための人生のプロセス（過程）なのです。

この大きな人生の過程を知るだけでも、その人の人生は変わります。
思いっ切り生きて、そして神様の元に裸で帰りましょう。
どんな人生でも、神様から全員が祝福されています。
このことに気づくだけなのです。

生かして頂いて　ありがとう御座位ます

［「流れ」によるミソギ（禊）の神意　二〇一二年四月十九日］

15 『注文の多い料理店』のような世界からの脱出方法

他人に与えた気持ちや行為が、自分自身を形成する世界とは面白いと思います。
私たちは、お腹が空けば自分でご飯を食べます。しかし、自分のために食べたご飯は、本当は胃袋から全部漏《も》れているのです。だから時間が経つと、すぐにお腹が減ってしまうのです。

自分のお腹が空けば、まず他人に食べさせて上げます。その他人のお腹が一杯になれば、食べていない自分もなぜか満腹しているのです。そして、この場合の満腹感は、かなり持続し、しかも自分の血となり肉にもなるのでした。

では、食べさせてもらった人はどうなるのでしょうか?
やはり直《じき》にお腹が減るので、その人も違う他人にご飯を食べさせることをします。
これが繰り返された結果、その世界からは餓死者や飢餓感が消えたのでした。

こんな世界があれば良いなあ、と思いますか?

これは「食べる」ことを例に書きましたが、このような霊的な側面は、今の見える世界にすでに貫徹している宇宙法則なのです。

何となく、幸運と不運が発生する原因でもあります。

だから、今の自分が不幸だと感じている人も大丈夫です。自分の生活内容次第で改善していきます。

ただ、そのためには、物事に対する今までの自分の受け取り方、心で思うことを、前記のような「与える視点」も考慮することを参考にしてください。

なかなか他への行動まではできないけれども、自分の心の視点を一つぐらい増やすことは誰にでもできます。「知る」だけでも、人間は変わって行くのです。

だから釈尊も、正しく真理を「知る」ことが、人間が成仏《じょうぶつ》(真の幸福感に満たされること)するためには絶対に必要だとしました。

前記の空腹感の話も、コノ世の大切な真理の一つなのです。

日本古来の文化は、「モノの哀れを思う」文化だと感じます。

人間には、ずるい面やどうしようもない色情もあり、愚《おろ》かなことをしてしまうことがあります。

しかし、全員が死んで去って行くのですから、死の視点から見ますと、そのような人間のサガ（性）も大きな目で眺《なが》めることができます。

そして、死んで見えなくなった人のことも、哀れむという「思いやり」の行為を尊重するのが日本古来の文化です。

先祖供養とは、他へ「与える練習」としては最高の行為であり、「モノの哀れ」を自分なりに忘れない日本文化です。

別に供養をしてもしなくても、誰も怒りません。

しかし、前記の空腹感の話と同じで、**結局は自分自身を「救っている」行為が先祖供養なのです**。先祖を供養する人は、その人も様々な形での救いが陰で起こっています。これに気づけないだけなのです。

❖参考に、『注文の多い料理店』（宮沢賢治）のあらすじ

東京の青年紳士二人が狩猟に訪れた山奥で案内の猟師とはぐれ、連れていた白熊のような猟犬は死んでしまい道に迷う。困った二人が辿り着いた「西洋料理店 山猫軒」の中へと入っていくと、

「当軒は注文の多い料理店ですからどうかそこはご承知ください」

という注意書きがある。扉を開けるごとに客への様々な注文が書いてあり、不審な注文にも二人は好意的に解釈して従う。扉と注文の多さを二人がおかしいと思い始めた頃、次の扉を開けると
「いろいろ注文が多くてうるさかったでしょう。お気の毒でした。もうこれだけです。どうかからだ中に、壷の中の塩をたくさんよくもみ込んでください。」

と書いてあり、二人はようやくこれまでの注文の意図を察する。この店は「客に西洋料理を食べさせる店」ではなく、「客を西洋料理として食ってしまう店」だったのである。

逃げようにも戻る扉は開かず、奥の扉からは眼玉が二つ、鍵穴からこちらを見つめて「早くいらっしゃい」と呼ぶ。二人は恐ろしさに震えて泣くばかりで、顔は紙屑のようにクシ

ヤクシャになってしまう。

その時、死んだはずの二匹の猟犬が現れ、前の扉に向かって突進していく。格闘するような物音が聞こえた後、気づくと料理店は跡形もなく消え去り、二人は寒風の中に立っており、店内に置いたはずの持ち物や服はそこら中に散らばっていた。

そこへ案内の猟師が現れ、二人は無事に山を出て東京へ戻ることができた。しかし、クシャクシャになった顔は、どうしても元の通りには治らなかった。

生かして頂いて　ありがとう御座位ます

[「注文の多い料理店」からの脱出方法　二〇一一年三月四日]

16 慌てなくても大丈夫です

（前項の感想）

コノ世を創造した存在（神）は、人類はいつになれば「**他人の中にも自分自身がいる**」ことに気づくのかと観ています。

他人を殺せば、自分自身を殺すことになります。コノ世とアノ世で、陰陽の帳尻が自動的に合わされます。コノ世という半分の期間だけでは、不公平と矛盾を今の世に感じるでしょうが、永い視点で見れば完全に帳尻が合うのです。

他人を苦しめれば、自分が苦しむことに必ずなります。ただ、どんな形で自分に反映されるのかが見えにくいだけです。

自分が他人に与えただけの「分量」の苦しみが、何か違う内容に形を変えて自分自身に反射してきた時、過去の自分がしたことを走馬灯のように思い出すことになります。何となくですが、「明らかに」リンク付けが自分でできて、反省ができます。

生きている間に、少しでもこの体験ができる人はまだマシです。救われます。

死後には全員が、物理的な法則として自分がしたことの反射の体験をします。完全に公平だったことを、この時にすべての魂が思い知ります。

悪いことだけが反射をするのではありません。他人を食べさせたこと、他人を助けたこと、他人を思いやったこと、先祖を癒《い》やしたこと……、そのすべてが自分に反射しています。今もです。

コノ世の一切の行為と体験したことには、ムダがないことを知るだけで良いです。これを知っているだけで人生が変わります。

「何のために?」「こんなことしてもムダだ」「なぜ自分だけが」……、生きていれば色々とあることでしょう。しかし、ムダは一切ないのです。感謝の気持ちで受け切ることができれば、それは最高です。一つの階段を上ることになります。

私たちは自分で目隠しをして、旅をしに来たのです。先行きがわからずに苦しむことも、自分で自分の本性を見たいがためにしているのです。その代わり、どんな苦しみも期間限定（寿命）での旅です。

ある実業家が、三十億円を出してロシアのロケットで約一週間の宇宙体験をしてきたという報道を見ました。その模様は、非常に不自由で過酷な命懸けの宇宙体験でした。無事に砂漠地帯に着陸して生還した彼は、「この不自由な体験は自分の人生観を変えたのは間違いない」と言い切りました。「生まれ変わった」とも言いました。

私たちは人生という、もっと凄い宇宙旅行をしている最中なのです。コノ世に生まれる旅は、三十億円どころか三兆円でもチケットは買えません。しかし生きている間は、その価値がわかる人は少ないです。

コノ世でのどんな体験もムダではないから安心しましょう。

自分の心の神様と共に体験しているのです。自分の良心（内在神）を持って、できるだけ楽しんで生きましょう。

これがカンナガラ（神様と共に）となり、神人合一《しんじんごういつ》という人間が神様に帰る道になります。

生かして頂いて　ありがとう御座位ます

［慌てなくても大丈夫です　二〇一二年四月二十五日］

17 「仕方がない」は明るく

「仕方がない」とは、あきらめの言葉だとか、絶望を意味する言葉とは、私は感じません。むしろ逆に、「明るく覚悟をする」「腹をククる」のような、武士道の言葉だと感じるのです。時代劇で多用されます「かたじけない」（ありがとうの意味）に比類するような、良い言葉だと思います。

「窮鼠猫《きゅうそねこ》を噛《か》む」のような、大きな猫に追い詰められたネズミが、身を捨てて猫を噛むような心境を、「仕方がない」の言葉にも感じます。

戦争に動員された先人たちも、家族と国のために仕方がないと思ったと感じます。

いくら悩んだところで、答えなどはないのです。むしろ、その悩みの「過程を体験」する目的で、私たちは生誕しているからです。

それよりも、状況を確認して認識する心配（心を配ること）を、ある程度したならば「仕方がない」とすべてを受け入れて、淡々と進んで行くことが最善の結果を呼びます。

わからないことを悩んで漏電するのは、様々な意味で損です。

私も嫌な仕事の予定がありますと、早くその日が来ることを逆に思います。「案ずるより産むが易《やす》し」のように、その時にはナントカなるものです。

試験でもそうです。試験を受けるまでが、色々と心配して悩み漏電するのです。これは自分がやるべきこと（勉強）をしていない場合は特に悩みます。逆に、自分が納得できるほど勉強した人は、試験が楽しみになるものです。

苦しい状況も、生きているから「こそ」体験できるのです。時間限定の貴重な体験です。

1．それでも、生かされていることに感謝をする。

2．「仕方がない」と状況を受け入れる。そして、覚悟をする。

この二つを心がけていけば、日常生活の中の有り難さに気づき始めます。さらに、

3．執着《しゅうちゃく》（自我の嫌なこだわり）を捨てる。

つまり、すべてが「流れて行く」視点で物事を見ることができれば、間違った執着を持ちません。

コノ世のすべては、必ず変わり流れて行きます。

生きてさえいれば、今の苦しみさえも後で必ず良い思い出となります。

自殺をする人は、たった一つのことを流せない執着におちいっています。執着に落ちますと、アリ地獄のように出るのが非常に大変です。

だから普段からの予防と知識が大切です。

前記の1・2・3の知識を「知る」だけでも、運命は変わります。自殺も防ぐことになります。

やはり、この言葉で淡々と生きて行くことが大切です。それは、
生かして頂いて　ありがとう御座位ます

[仕方がない、は明るく　二〇一一年二月十日]

18 幸運は自分を見つめることで始まります

（前項の感想）

人間は、苦しい時、悲しい時、不安な時に自分が何をして何を思うのか？ これで、その後の人生が決まっていくと感じます。

だから、自分が苦しい時の過ごし方で、その人の運命は変わって行きます。

また、自分が苦しい時にこそ、自分の本性が出ているものです。本当の自分を知ることができる貴重なチャンスです。

その悩んでいる自分の顔を見てみましょう。

それが今の自分なのです。

そんな自分を嫌わずに、仕方がないと明るく認めることが大切です。

物事が上手く行く人には、自分自身のことが大好きな人間が多いです。私も自分（内在神）のことが限りなく好きです。

ここで注意して欲しいのは、「自分自身が好き＝『俺って最高！』の自我が好き」ではないことです。これでは息切れして、人生の途中で必ず落ち込みます。　何事も継続しないのです。

長く成功を継続する人間は、ダメな自分のことも知っており、そんな自分「こそ」が好きなのです。自分の弱点を知る人間とは強いものです。そんな自分自身の弱点も明るく好きな人間は、さらに強い人間です。

一休さんなどは、ダメダメな自分自身を見て笑っていました。これは冷笑ではなく、そんな自分も愛《いと》おしむ心からです。

運気の弱い人間とは、自分の弱点やダメなところに気づけない人なのです。**だから同じような失敗を繰り返します。**

人間は苦しい時ほど、自分のことを見ずに他人ばかりを見ようとしています。他人や霊に原因や逃げ道を探している限りは、苦しみは継続します。

なぜならば、苦しいと感じているのは自分自身なのですよ。それなのにどうして他を見るのでしょうか。

だから苦しい時ほど、自分自身の生活・行為、何を思って過ごしているのか？　などを静観することで初めて改善が始まります。なぜなら、自分で改善すべきことが見えだすからです。これが大切なのです。見えない霊の問題ではありません。

ダメな自分、苦しい自分、悲しい自分を愛情の視点から静観してみましょう。そして、〝それでも〟自分や縁者が生かされていることに、先祖と内在神（心の良心）へ感謝をしていくことを参考にしてください。

コノ世の人生ぐらい、誰でも必ず変化します。
コノ世に生まれ出る奇跡を全員が通過したのです。
この奇跡を起こさせた大いなる存在が、自分の心に内在することを深く自覚すれば大丈夫です。今日も、

生かして頂いて　ありがとう御座位ます

［幸運は自分を見詰めることで始まります　二〇一二年三月二十五日］

19 あなたたちを忘れない

「無縁社会」という、社会から孤立して一人で生きる人々の特集をテレビで見ました。

家族からの孤立、失業による社会からの孤立、精神や身体の病気による孤立、様々な事情により誰にも縁を持たずに一人で暮らす人々です。

多くの孤立者に共通していたのは、「誰とも話さないのは本当に辛い」ということでした。そして、将来への不安と、常に自分の死を考え、孤独死後の身辺の処理を心配している感じでした。就活しても不採用だし、何をしても自分はどうせダメだという思いに支配されていました。

一人の男性は、無会話の生活の中で自分は役立たずだと思い、孤独死を見つめ続けた結果、ある日から朝の通学路のゴミ掃除を始めました。

折れかかる、消えかかる気持ちの中で、遺書を書いた上での行動でした。おそらく自殺をする前に、せめて社会への最後の恩返しと、思い出にする意味だったのかも知れません。

すると、小さい小学生が「おはようございます」と挨拶をするのでした。この短い言葉が、彼の心に響いたようです。そして、次に彼は、この子どもたちが喜ぶ顔が見たいと思い、カブトムシの幼虫を自室で育てて小学校へ寄付を始めました。子どもたちはとても喜び、男性の似顔絵をみんなで書いてプレゼントしていました。

自分の部屋で彼が似顔絵を手にして見つめる顔は、心が嬉しくて泣いているように見えました。彼の先祖霊と内在神が喜んでいるようにも観えました。子どもたちが書いた似顔絵は、彼の心を表すように無垢《むく》な目をしていました。

もう一人は、夜間高校に通う女性でした。母親と幼い兄弟たちを助けるために、どうしても働かなければいけない事情がありました。やっと採用されたのがパチンコ会社でした。彼女は嬉しくて泣いていました。

無垢で純真な目をした彼女が、これから社会で汚されないことを、私は思わずにはいられませんでした。また、今の就職先がない不況の深刻さを感じました。

この番組を見ながら感じていたことは、忘れ去られた先祖霊たちと同じだということでした。

コノ世への未練があり、生前に先祖への正しい感謝だけの供養をしないまま死にますと、生きる人間とまったく同じように故人の思いは残るものなのです。先祖からのお迎えに、気づくことができにくいのです。

先祖供養という「行動」による「他を助ける縁」を作っておくことが大切です。自分がしたことは、自分に必ず返るのです。その上で、死後に自分が先祖霊から助けられます。これは、淡々とした宇宙の法則です。

人間は生きている限り、縁ある死んだ人も、生きる人も助けることができます。

迷う霊は、縁ある子孫を見ながら孤独な状態でいます。

先祖供養とは、自分には見えなくてわからないが、過去にいた人々を「忘れません」という愛情表現なのです。

見えるモノしか信じない人は、今までに自分が受けて過ぎ去った「見えなくなった恩」も忘れがちになるものです。

感謝の先祖供養が無理なく継続する人は、思いやりが深まり、他への愛情が深まります。この思いやりと愛情力の磁気が、わざわざ供養をする本人自身に幸運を勝手にもたらします。

番組を見ながら感じていたことは、私は生きている人も死んだ人も、目を逸《そ》らさずに観《み》続けていきたいという思いでした。

この番組の放送日が二月十一日というのは偶然ではなく、「十一面観世音《じゅういちめんかんぜおん》」という世の中の音を観る菩薩の意識に私は同調していました。

苦しんでいる人は、自分がたった一人ではなく、先祖霊が必ず観ていることを知って欲しいです。

私たちは遺伝子で接続される宿命として、アノ世ともつながっています。だから人間は、自己を見つめれば、宇宙をも知ることになります。

また、苦しむ人から目を逸《そ》らさずに、観ようとしてくれている人々が社会にはたくさんいることを知って欲しいです。

あなたは、決して一人ではないのです。

生かして頂いて　ありがとう御座位ます

［あなたたちを忘れない　二〇一一年二月十三日］

20 成果主義から経験主義へ

（前項の感想）

見えるモノしか信じない人間とは、冷たい人間になっていきます。会社でも成果主義とは嫌なものです。陰で準備した社員が評価されない制度は、いずれは会社全体が落ちて行きます。

見えるモノの奥には、今はすでに見えない多くの人々の努力と継続が存在したのです。

日本が繁栄できたのは、多くの住民に「思いやりの心」があったからです。思いやりからのアイディアは、工業製品の発明や製造につながりました。

また、すでに見えない先祖や氏神を大切にする行事（初詣、お祭り、仏壇での先祖供養や墓参など）が多いことは、国家の幸運にもつながりました。

日本が見えないモノを無視し、住民から他への思いやりが消えるに従って、経済の下降と国家の不運が始まります。

誰とも無縁で、社会から隠れた人々が増加しています。

しかし、昔の武家社会の名残《なご》りか、日本とは生きる人間には中々厳しい面があります。だから、前項の道路掃除の青年のように、自分から小さな一歩を社会に歩き出す勇気が必要です。何でも良いですから、社会との接点を持つことが大切です。

接点を持つことで、何かの縁が発生するのです。この青年もテレビで報道されたことで、新たな展開をされているでしょう。これは、死を覚悟した上での道路掃除が切っかけだったのです。

縁とは、ただ待っていてはダメなのです。縁が生じるためには、自分から動くことが必須です。

婚活・求職・学業……、何でも自分から動くことで縁が生じていきます。

人間は動く前に、自分はダメかも知れないと思えば動きません。ダメならば、なぜ動かないのか？ それは、自分の中に結果だけを急ぐ成果主義がないでしょうか？

社会を避ける人間こそが、成果主義に毒されていることが多いのです。本末転倒なのです。成果主義とは、霊的には悪魔のササヤキです。そんなことはムダ、どうせダメだよ、と自分に言い聞かせています。

社会での成果は、どうせ消え去るモノです。アノ世に持参できないモノなのです。それよりも、経験することが大切であり、その苦しい中でも自分から思いやりを発露させることが魂の目的です。

そして、自分自身（神）を「納得させる」ことが人生の目的です。

求婚活動、求職活動もしないで、本当の自分を納得させることはできません。本当の自分が、自分自身を許しません。

何でも思いっ切り動いて、心の刀が折れるまでやってみることです。そうすることで本当の自分は納得して、もしダメでも逆に安心をするのです。

コノ世は何と厳しい世界でしょうか。

でも、それだけ喜びも大きい世界なのです。

落差と時間が生じるのは、コノ世だけです。不味《まず》い料理を知るからこそ、美味《おい》しい料理が良くわかります。美食ばかりでは、すべてに感動が消えて、何を食べても不味く感じるようになるのが、現実界の法則です。

今が苦しいですか？
大丈夫です。
その分の喜びを知るチャンスに恵まれたということです。
自分ができることをタンタンとして生きましょう。
すべては必ず変化して行きます。
生かして頂いて　ありがとう御座位ます

［成果主義から経験主義へ　二〇一二年三月二十七日］

第三章

何があろうとも、最後は必ず全員が救われます

1 私たちは絶対安全な席から映画を見ています

人間の肉体とは、内在神と旅する魂の「乗り物」です。つまり、肉体はヨリシロ（止まり木）でもあります。

いつかは必ず、人の心は止まり木（肉体）から飛び立つ時が来ます。風に揺らされて動く止まり木にいる間は、不安なものです。でも、そこに止まって、見える様々な風景を見たかったし、体験したかったのです。時間限定でね。

私たちは、わざわざ時間とお金を用意して映画館に行きます。その二時間ほどの映画には、何を期待していますか？　変化のない単調なシーンばかりを見たいですか？　やはり、ハラハラ・ドキドキからほのぼのとした安心感、最後には感動と感謝の思いを感じられる映画を見られれば気持ちが良いものです。

さて、今が苦しい人は、映画のどの辺りのシーンを実演しているのでしょうか？

映画の主人公が、家族や友人たちを捨て去って、一人で姑息《こそく》に生き残ろうとするドラマなど見たいですか?

やはり、苦しくても他を生かそうとがんばる主人公の姿は美しいものです。

先祖供養にも同じことが言えます。

自分を生み出した先輩たちを「忘れないための行為」が、先祖供養なのです。人間とは愚かな生き物で、過ぎ去った御恩などは忘れがちなのです。これが、自分の運気を弱める原因にもなります。

また、先祖以外にも、生きる上で恩を受けた人々がいるものです。その人々の中には、すでに亡くなっている人もいます。自分に「**縁のある**」その他の人々も、ひとククリにして三本目の線香で敬意と感謝を、〝自分なりに〟意思表示をする行為が大切です。

このような行為で、自分の状況が悪くなるのではないか、霊障が気になる、と心配する人は供養をする資格がまだない人です。見えない人々の苦しみを思いやることができない段階ですから、まだ無理に供養は不要です。

結局は、そのような人は、他人から愛情や助けを受ける運気をなくします。コノ世は、すべてが自業自得へと反射する世界だからです。

自分がしたことは、善も悪も必ず自分に返ります。これは時間も人生もまたいで、死後にも反射します。絶対的な宇宙法則です。

だから悪人がいても、神様は静観しています。必ず本人に返るからです。不公平は一切ないのです。コノ世は、完全なる公平です。コノ世で本人に返らなければ、次の世で返るだけのことです。

目先の短い期間に反射しないから悪者の勝ちなどと、神様を否定してはいけません。神様の眼差《まなざ》しは慈悲であり、もっと視点が大きくて永遠なのです。これは逆に言えば、終わりがないという恐ろしさがあります。

ただ、せっかく先祖供養をしても、ムダな方法が世の中には多すぎます。

1．金銭で頼んだ他人（供養を請け負うと自称する有料先生）を挟《はさ》んだ委託の先祖供養は一切ムダです。

先祖に届かないどころか、他者に金で任せたという依存の気持ちが、供養の霊的妨害になっています。

この理由は、先祖供養は子孫の遺伝子（ＤＮＡ）という家系の霊線を通じて先祖につながるからです。血縁のない養子や既婚女性でも、その家の苗字を名乗る「縁」により、見えない三本目の遺伝子の霊線により先祖に接続されています。**その家系の霊線に接続する人間が供養するから通じるのです**。この時に、他人である有料先生が持つ霊的磁気は妨害電波となり、供養の邪魔になります。

しかし、コノ世のイベントとして、命日などに伝統仏教の僧侶を呼んで縁者と供養するのは良いことです。**これも縁者が集まる方便となります。故人には嬉しいことです。**

ただ、霊的には、日々の子孫がおこなう供養により、先祖は本当に癒《い》やされ助けられます。魂が次の旅に出るまでは、現実界から「感謝の気持ち」が送られることを本当に喜んでくれます。

2．先祖霊にも供養を受ける時の「止まり木」が必要なのです。

霊には肉体がないのですから、コノ世の次元の供養を受けるには、仮の肉体が必要なのです。依《よ》り代《しろ》（位牌《いはい》や短冊《たんざく》）という止まり木が、その役目をします。

この時に、「霊位」という霊界の理《ことわり》の意味を示す文字があることで、より先祖霊が寄りやすくなります。

外国語で依り代を作成する場合も、先祖のための場所を意味する「霊位」を表すスペルがあることが大切です。供養者の脳を通じて、作用します。

住む環境により供養ができない人は、先祖への感謝を普段の中でしていけば大丈夫です。

先祖への感謝磁気を貯めることが、物事を改善させる力となります。


先祖のために感謝を表す供養をしたい人は、自主的に前記の点に留意して先祖供養をすることを参考にしてください。

見えない先祖や恩を忘れないことは、尊いことです。必ず自分に反射して、供養をおこなう本人が最終的には救われるのです。それが今生でなければ、来生に反映することでしょう。

今日も私は、見えない人も生きている人も思いっ切り助けたいと燃えるのでした。

生かして頂いて　ありがとう御座位ます

［絶対安全な席から映画を見ています。だから本当は大丈夫。　二〇一一年二月二十五日］

2 清い映画館に人々は見に行きます

（前項の感想）

ドイツと日本は、子どもの出生率が低いそうです。

生まれる予定の魂が、コノ世の映画館（人生）に見に来ないで、アノ世でＤＶＤなどを見て人生の疑似体験を済ませているのかも知れません。精神的な先進国ほど出生率が低下している感じがします。

逆に悪い意味では、コノ世での映画館も客数が減れば、施設を維持できなくて消えて行きます。家庭用ビデオが登場してから、現実に多くの映画館が消えています。

日本では、幼児虐待をする若い世代の親が増加しています。育児放棄で幼児を餓死させる親も近年ではいます。こんな国では、人生という映画を体験しに来る魂は誕生を控えるものです。実際の映画館と同じ傾向に国家もなります。

映画館の客数が減りますと倒産するのと同じように、出生率が減る国も倒産に向かう可能性があります。

赤子が生まれて、しかも成人まで生きることができるとは、なんという奇跡なのでしょうか。コノ世では、成人するまでに一瞬で死んでしまう要素が多々あります。

自分が生まれた家にどんなに不満があっても、成人することができた人間は家系と先祖に感謝をしなければいけません。どんなに嫌いな親でも、完全無抵抗の赤子時代を育ててくれたことに違いはないからです。今の我が子を死ぬまで虐待したり餓死させる親とは違ったのです。

中には虐待した親もいるでしょうが、それでも自分が今に生きているのは、弱い赤子時代を生かしてくれたのです。他者に育児を頼んだかも知れませんが、殺さなかったのです。

どんなに嫌いな親でも、死別すれば自分の生涯をかけて何かにつけて反芻《はんすう》（繰り返し考えること）するテーマになります。

どんなに嫌な経験でも、自分が死ぬ時は良い思い出に変わるのです。私の永い魂の経験からも、これは全員に言えることです。

コノ世の人生が期間限定である「意味」を、もっと私たちは考えなければいけません。

なぜ人生は、儚《はかな》くて短いのでしょうか?
生きる短い間ぐらいは、偽善でも良いから「自分なりに」他者を生かそうとすること、
他者を思いやることが大切なのです。

なぜ偽善でも良いのでしょうか?
コノ世は、行為が優先する次元だからです。そういう世界なのです。
実際にする良い行動は非常に尊くて、霊的な価値を持ちます。
何をすれば良いのかは、自分の良心(内在神)が教えてくれます。

生かして頂いて　ありがとう御座位ます

[清い映画館に人々は見に行きます　二〇一二年四月十八日]

3 見てやろう、味わってやろう

道元《どうげん》さんのような濁《にご》りのない透明な人物に対して、私の気持ちを向けますと気分が良いものです。

道元さんを観るために投射した気力が、気持ちを切り替えた後もどこまでも道元さんに向かって突き進み、とうとう「空《くう》」の次元まで突き進む感じがします。道元さんは、今も空という原初の次元に在《あ》られます。近代インドの聖者ラマナ・マハルシも同じでしたが、澄んだ人はどこまでも透明です。

私は食べ物や品物を判断する時も、それに対して気力を投射《とうしゃ》（投げかけること）します。悪い物の場合は、突き通ることができずに跳ね返ります。良い物の場合は、奥へ奥へと気が入って行きます。

道元さんの言葉、

「仏道をならうというは自己をならうなり」

には続きがありまして、それは、

「自己をならうということは、自分を忘れることなり。自分を忘れるということは、空に溶け込むことなり」（私の意訳）という言葉です。

要は、自分を正しく見つめていきますと、内在神という他人とも共有する一つなる神性を感じだします。

個人（自我）という末端の枝葉の先端が私たちです。細い枝（自分）をさかのぼりますと、太い枝（家系の霊線）を通過してから一本の太い幹に到達します。どの枝先から登っても、同じ幹（内在神）へと行き着くのです。

「自分を忘れる」とは、我（われ・が）が消えて、素直になることです。素直になれば、悩みや苦しみさえも「通過」して、過ぎ去って行くのです。今が苦しい人は、素直な視点で現状を見ることが最善です。苦しみは早く去り、変わります。時間が助けてくれます。

道元さんは、時間の正体についても言葉を残しています。

それは、有事（ゆうじ、ありごと）という言葉です。

道元さんは、「**時間とはコノ世だけの存在**」だと看破《かんぱ》したのです。

時間とは、見えないものであり、過ぎて消えて行くものなのです。物事の存在も、まったく同じだということです。


さらに結局は、「**自分（自我）＝時間**」だとするのです。

だから、自我（我良《われよ》しの気持ち）とは、時間と同じで消えて行くモノ、また本当には無いモノだとしたのです。

時間も自我も、本当は無いモノなのです。


だから、時間が在ることを証明できるか？　と言えば、時間は無いが、その過程が実在だと、私は言います。

物事を悩み、喜び、怒り、悲しみ……。この過程と経験こそが実在であり、神様であり、宝なのです。

だから今に体験していることは、どんなこともすべてが大切です。

あなたの悩みも、経験すること自体が神様の正体だったと言っても間違いではないです。

どんな嫌なことであっても、それは神様を体験していることになるのです。

最後は、ぶっ飛んだ話になりましたが、要は「**何事も素直に味わってやりましょう**」ということです。

そうしますと、すべてが最後には大丈夫となります。

生かして頂いて　ありがとう御座位ます

［見てやろう、味わってやろう　二〇一一年二月十八日］

4 「ただいま〜」と帰りましょう

（前項の感想）

道元さんは、自分（自我）つまり人間とは、「時間」であると言いました。

また、コノ世の物も自然もすべてが時間であるとも言います。「時間＝必ず変化する」ということです。

人間とは、生まれた時は身長が数十センチですが、日々成長して大人の身長になり、また死ぬまで縮んでいきます。「同じ自分」なのに、一日たりとも同じ身体であることがないのです。絶えず変化しています。

このように変化するものは、すべて時間と同じだということなのです。それなのに人間は、必ず変化する時間に誤魔化されて、時間が創り出す影（肉体・異性・金・物・名誉……）で泣き笑いします。

人間が時間に誤魔化されて喜怒哀楽をするのは別に良いのですが、自分の命を捨てるに値《あたい》するモノは「無い」ということなのです。でも、時間に誤魔化されて右往左往するのが人情です。欲しいものは欲しいし、嫌なものは嫌です。

では、どうすれば良いのでしょうか?

この答えは、時間（絶えず変化する影）を「**楽しめ**」と神示は示します。

どんな苦難の中でも、笑いと楽しみを人間が見つけることができれば、それは時間という影に勝利したことになります。

東北・関東では、今日も地震や放射線量の心配をしながら生活をされる人々がおられることでしょう。これも時間の影だと霊的に言えます。時が経てば、いずれは一切が無害となります。それでも、放射性物質の半減期の時間という影と、自分が体験する人生（時間）の影の長さを比較して、影に負けそうだと心配します。

でも、その中でこそ、自分の生活の中で楽しめれば、その人は心配に勝利します。このような鬼気迫る演出（災害）の御蔭で、逆に人間は「その中で」大切な愛情に気づかされることが起こります。

神様の視点が人間には理解ができにくい問題点の一つが、ここにあります。

神様は、人間の魂が死ぬことがない存在であることを知るがゆえに、あえて人間の人生時間の長短よりも「気づき」を得ることを優先されるのです。

これが信じられない人間は、たった一回切りの人生時間なのに〜と恐怖します。でも神様は、生きている短い間に、その人間が愛情や感謝を発露させることを最優先させます。

自分が愛情や感謝の思いを発露させることは、それほどの大事なのです。

道元さんは、人間が時間の恐怖の影を乗り越えて、愛情や感謝を日常生活（作務《さむ》）の中に発露させた時、そこで時間の影が止まり「ただ、今にいること」になると言います。「ただ今」です。

この瞬間、「ただいま〜」と自分の本性が我《われ》に返ります。目が覚めるのです。

これと同じことを釈尊は、「一切皆苦《いっさいかいく》」と言いました。ここで言う「苦」とは意訳であり、真相は「苦＝変化」なのです。

人間は変化することを恐怖します。

「変化＝苦しみ」だと、人間は思ってしまいますが、釈尊は、この宇宙は「一切みな必ず変化する」と断言します。神様でも変化を止めることはできないのです。
神様とは、変化そのものであるのが真相です。

今日の話は、どんな苦しみも恐怖も、必ず変化するから大丈夫だということです。
その中でも、けなげに愛情と感謝を自分なりに発露させれば、すべてを乗り越えることができます。

生かして頂いて　ありがとう御座位ます

［ただいま〜と帰りましょう　二〇一二年四月一日］

5 見ているようで見ていません

村の中で生きた真の禅僧である良寛《りょうかん》さんは、仏教の組織というものに一切関わらない、属さないために、自分で生活費を稼ぐしかありませんでした。要は、庶民と同じように働かないと生きて行けなかったのです。そのために手紙の代筆をしたり、書や絵を書いて、その代価として食物や着物を得ていました。

他の立派な身なりをした僧侶たちは、庶民から寄進を得ながら暮らし、みすぼらしい姿の良寛を遠目で見ないふりをしていたのです。

良寛の生き方は、霊的な「見えない借金」を作りませんが、他の僧侶は死んだ後が大変です。庶民から「先祖のために」と集めた金は、それを私用に使った分は、死後に必ず一銭まで返すことになります。

今でも、この霊界の法則は生きています。

良寛は、村の多くの住民から愛されていました。その訳は、良寛は良い言葉しか口にしなかったからです。良寛と会えば、ほめられて感謝されるばかりの言葉をかけてもらえるので、心が辛い人には特に嬉しかったのです。

良寛は、「**良い言葉しか発しない**」誓いを立てていた人物でした。誓うというよりも、良寛が持つ自然な本能（内在神）だったのです。

良寛のような善人を見ていますと、陰で面白くない連中は当時でもいたのです。乱暴な悪人の素行をしている連中には、良寛のような善人で人気者は鼻についたのです。いつか、その本性をさらしてやろうと企《たくら》んでいました。

その中に、川の渡し船の船頭の逸話が残っています。

ある日、良寛が一人で渡し船に乗りに来ました。川の中ほどまで来た時に、周辺に人がいないことを確認した船頭は、良寛が泳げないことを知っていながら船を揺らして川に突き落としたのです。

必死にもがく良寛さんが沈みかけた時に、船頭はもう良いだろうと良寛を船へと引き上げて、良寛が何を言うのかと楽しみに待っていました。

すると良寛は、

「助けてくださってありがとう。あなたは命の恩人だ」
と深々と感謝をしたのでした。船頭としては、良寛が文句を言えばもう一度落としてやろうと思っていたのですが、逆に良寛から感謝をされて目が覚めました。

自分はなんて愚かなことを優しい人間にしたのだろうかと。良寛は、自分が突き落としたことを知っているのに、助けたことに感謝をしてくれると……。

良寛とは、絶えず「今という瞬間」しか見ていない人でした。

船頭が突き落としたという先ほどの「済んだ過去」よりも、助けてくれた「今の船頭」に心から感謝をしたのです。それは本当に心の奥から、それでも助けてくれた船頭へ良寛は素直に感謝をしていました。

良寛は「ありのまま」を見る天才です。とにかく「助けられた」という事実に感謝をします。

私たちも、済んだ過去よりも、今の自分に縁のある相手を「正しく見る」練習が大切です。

どうしても、その人の過去を知っている、そういう人だ……という先入観で見ており、「今の」その人を見ていないことが多いのです。済んだ過去の情報、予測される情報も捨て去って、今の瞬間を見てやろうとする姿勢が大切なのです。

今のあなたの視線は、どこを見ていますか？
済んだ過去ですか？　まだ来ない未来の心配ですか？
これでは、大切な今という瞬間を生きていないことになります。
今を生きていなければ、これが連続する未来は弱いものとなります。

だから、一生懸命に今を生きて、感謝をしていくことが、自分の最善へと導きます。

生かして頂いて　ありがとう御座位ます

［見ているようで見ていません　二〇一一年二月二十八日］

6 「今の」自分と他人を見ること

（前項の感想）

人間は、他人のことを良い悪いと評価する場合、その人のいつの状態を見て思うのでしょうか？

「今の」その人を見ようとはせずに、大半の人は過去の時、しかもその人が悪い時のことを見ようとします。


人間とは日々変化していくものです。生きていれば様々なことが起こり、必ず心境が変化していきます。人間は、改心して成長することもあれば、昔の面影もなく心が荒《すさ》んでいる人もいます。

しかし、自分が他人を見る場合、**その人間の「過去」を通して見ようとしています**。

その人の過去に、今でも縛られて苦しんでいる人が多いです。その人にイジメられた、浮気された、ダマされた……と、過去のフィルターを通して今のその人を見ています。これは親子間でもあることです。

しかし、済んだ過去を通して見ていては、他人を正しく評価することはできません。過去は経験として、同じ嫌な目に遭わないように注意することは大切ですが、**今のその人を見てあげようとする視点が大切です。**

これは他人だけではなく、自分自身にも言えるのです。

過去の自分自身の行状に今でも苦しむ人はいます。自分で今の自分を静観することができずに、いつも過去の自分を思い出して自身を見ている人が多いのです。

心の問題を抱える人の多くが、過去の自分を見て苦しんでいます。

霊的には、過去の自分自身の霊的磁気が憑《つ》いているのです。同じ人間でありながら、並行して何人もの自分が存在しています。この過去の自分の霊的磁気が独立しますと、多重人格のように病みだします。躁と鬱状態が起こりやすくもなります。

実際に起こる霊現象（ポルターガイスト現象など）の多くに、過去の自分が出した思いが独立して奇異を起こしているケースが観られます。

これを緩和するには、

1．過去の自分自身に感謝をすることです。

どんなイヤな自分でも、その時に生きてくれたから、今の自分が存在します。だから過去の自分に対して、

「よくがんばったね」

「もう大丈夫だから」

と思い、感謝をします。

過去の自分を孤立させてはいけないのです。

今の自分を静観することで、自分自身を「統合」すること（白山ヒメ大神のククリ作用）が可能になります。

2．自分の先祖と、心の内在神に日々感謝をすることが大切です。

他の存在に感謝をすることは、これが自分自身に反射します。他人を非難する気持ちも、やはり自分自身に反射をしています。

ここに、コノ世で自分の人生が改善する大きなヒントがあります。

今日の話は、絶えず「今の」自分と他人を見ることが大切だということです。これに加えて、感謝の視点から物事を見ることが、自分の運気を高める秘訣だと言えます。

生かして頂いて　ありがとう御座位ます

［「今の」自分と他人を見ることの大切さ　二〇一二年四月二十一日］

7 何事も水の流れのように

次ページの図は、読者が作成した神棚と先祖供養の位置関係を真横から見た図です。文字の説明だけではわかりにくい間隔が、一目で良くわかります。

私個人の神棚は、位置関係図の右側の形で、神棚を置く八足台《はっそくだい》が二段になっています。上の段に神棚を祭り、二段目に榊や三方《さんぼう》（水容器や供物を乗せる台）を配置しています（一七四ページを参照）。

ただこれは私の感じる理想の形であり、この形式にこだわる必要はありません。神棚を置けない環境の人もたくさんおられるでしょうから、自分ができる範囲での参考にして頂ければ幸いです。

水の流れが、高い所から低い所へと自然と流れますように、この図の位置関係が霊的にしっくりと来ます。

神様が親とすれば、私たちは子どもです。親子を別々にするのではなく、同じ場所で祭

神棚と供養台の位置関係（横から見た図）

空中に神棚を祭ることは、お勧めしません。台にのせるほうが良いです。（下図は、真下に置く場合の参考です）

神棚の下方手前に供養台を置くことが理想です。台は普通の棚でも良いです。

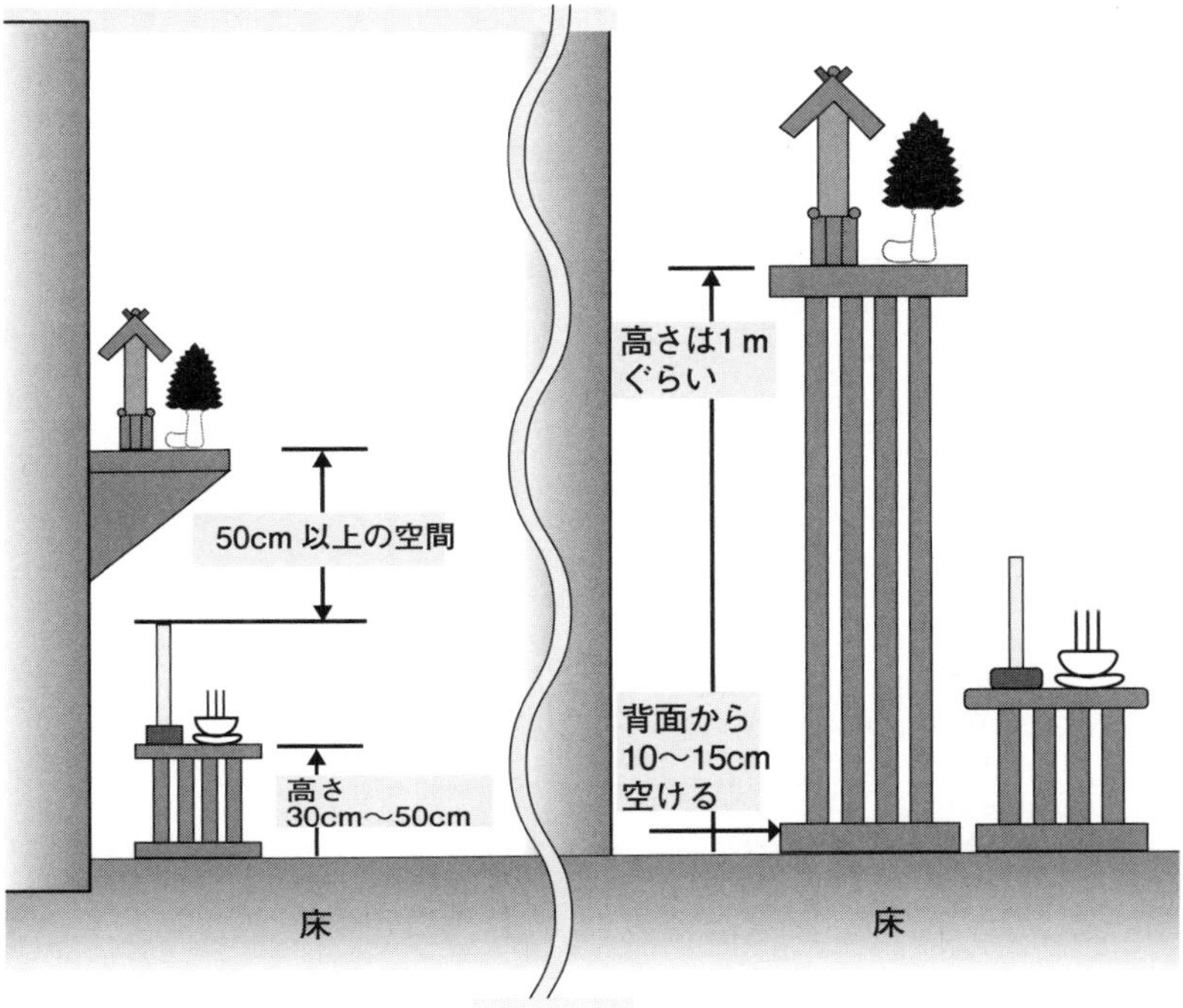

この配置は、神様とご先祖様を合わせて祭る理想の形です。
伊勢白山道式先祖供養の神髄です。

著者自宅での神棚と先祖供養の短冊

著者より：水容器は手前中央の器だけです。容器の水と榊の水は毎日交換します。奥に並ぶ二つの容器は御酒を入れる容器で、新年などに御酒を供えます。
屋根にかけてあるのは麻苧（あさお）です。

る（生活する）のが自然です。ただし、上下の位置関係を間違いますと、水は流れないのです。

これは差別ではなく、時間軸のある現実界では、法則として高低の段階の差を考慮するのが自然です。川の流れ（時間の流れも）を逆流させることは、無理や問題が生じます。

昔と現代社会の大きな違いは、親子関係だと思います。どの家庭でも、昔の親は怖かったし、家庭では親の威厳がありました。また親は理不尽な叱責もしていたものです。戦前までは、父親と長男だけが別格であり、食事内容も違うのが普通の家庭の姿だったと聞きます。これが良い形だとは決して言いませんが、その厳しさに耐えた子どもたちが、その後の日本の繁栄を生み出します。

特に戦後の学生運動などは、思想の問題などという高尚なものでは決してなく、貧乏への反発心から親子関係への反発、社会構造への不満の反発だったのです。でも、苦しくて貧乏で反発した若者たちは、社会に出ますと良く働き、高度成長時代を形成したわけです。あれだけ攻撃した社会構造においても「自分が」社会的な地位を得ますと、それに執着してがんばったのです。

そして富める社会が継続しますと、厳しい親子関係が消え、友人のような親子平等の風潮が増し、親の威厳が消えて行きました。

それから、子どもがバットで親を殺す事件などが社会で起き始めます。さらに時代が進んだ現代では、子どもが成人しても引きこもって遊び、親が奴隷のようにひたすら働いて食わせる逆転の親子関係の発生です。明治時代の人間には、信じられない日本の風潮です。

親の威厳が消えているということは、日本に昔からいる精霊たちも、その立場をなくしているかも知れません。

逆に言えば、地域の氏神《うじがみ》（地域の森と精霊を祭る神社のこと）などや先祖霊が再び大切にされれば、家庭も自然と健全になる反射が起こる可能性があります。

テレビの討論番組などを見ていますと、中国の人口が日本の十五倍ということは、天才も十五倍いるということだとのことです。そして中国の天才の一部は、日本の特殊性に気づいているとのことです。国家の人口や保有資源量を考慮しますと、実質ＧＤＰや経済の質は、アメリカを凌駕《りょうが》する内容を日本が持つことに、一部の中国機関が調査を始めているそうです。しかし、日本の大天才である南方熊楠《みなかたくまぐす》が命懸けで守った氏神の存在や、先祖供養による「遺伝子の統合」にまで注目ができるのかは疑問です。

これを理解できない限り、「ナントナク幸運な」日本の理由を知ることは難しいことでしょう。コノ世の成り立ちの秘密に関係するからです。

この項で言いたかったことは、苦しいことや不幸があっても、大丈夫だということです。水の流れの高低を考慮するように、物事の優先順位と立場を考慮して正しく静観していけば、物事は改善していくということです。

生かして頂いて　ありがとう御座位ます

［何事も水の流れのように　二〇一一年二月四日］

8 子育ては継続します

いつの世でも、幼い我が子との死別ほど辛いものはないです。やはり、もっと様々なことを子どもに体験させてあげたかった、共に経験したかったという思いが残るものです。

でも、生きていれば、それはそれで学校や健康問題、交友関係、子どもの先行きを心配して、子ども以上に親が悩んでもいるものです。

結局、人の死とは、死んだ本人以上に周囲の生きている人間の学びの経験の要素が強いのです。

人間とは、自分「だけ」のために生きていますと、必ず行き詰まるものです。家族を生かしたい、従業員や縁ある人を活かしたい、と良心が思うからこそがんばれる要素を持つ生き物です。

では、生きがいとしていた子どもを亡くしたならば、どうすれば良いのでしょうか？

自分が生きる限り、子どもを供養する覚悟を持てば良いです。子どもの魂も永遠不滅な

存在ですから、供養していけば必ずアノ世で育ちます。

子どもが亡くなっても、感謝の供養によるアノ世での子育てという義務が親にはあると私は感じます。

ここで大切なのは、亡くなった子どもの霊だけではなく、子どもの世話をして頂くために先祖全体への感謝の供養です。

今は薄れてきていますが、昭和の時代には現実界と霊界の間に中幽界《ちゅうゆうかい》という次元がありまして、その次元では近代的な病院から保育所、温泉の保養所などの、肉体を離れた魂が休息する世界がリアルにありました。

今はしませんが、昭和の時代には、私に縁ある知人の子どもが亡くなりますと、私の霊格の波動をあえて落として中幽界にアクセスをしました。

そして、死んだ子どもが赤子ならば、中幽界の託児所にいる先生と、赤子と縁ある先祖霊の二名を呼び出したものです。託児所の大半の先生は女性であり、日本人ならば苗字ではなく下の名前だけを名乗っていました。何人も先生はいましたが、今でもサユリ先生と名乗る霊体は顔まで覚えています。

最初に先祖霊に赤子の魂を預け、先祖霊からその先生に赤子の魂を預ける意思を伝えてもらうのです。これで、赤子の身元引受人の先祖と、霊体が安定するまで預かる託児所との関係が成立します。コノ世での親と託児所との関係と同じです。

先生は、「ああ、こんな所にいたのね」と赤子の魂を優しく受け取って行かれます。

これは、親御さんに頼まれてしたことではありません。しかし、このような私の脳内の理《ことわり》の手順（これが**結びの働き**）を踏むだけで、何も知らない親御さんは翌日から何か心境が改善したと言ったものです。

今の時代では、このような幽界を触《さわ》る行為は一切不要です。むしろ厳禁です。今でも霊媒《れいばい》という仲介者を使う、幽界につながる供養をすると自称する有料先生がいますが、これは百パーセント魔道に変わっています。

アノ世の変化も知らない無知な証拠です。

私のリーディングでは、太古は、神界と現実世界の二つしかありませんでした。霊界でさえも後世に発生した次元です。

人類発生の初期には、人は死ぬと神界へ直接に帰り、時間が経ちますと、神界から現実界に再び転生する循環を繰り返していたのです。しかし、現実界に自分さえ良ければ良いという我良《われよ》しの欲望が出てきてから、人は神様とは通じなくなりました。聖書でいうアダムとイヴの頃です。

死んでも神界へ直接帰れなくなり、神界と現実界の間に魂が停留したようです。この停留空間が、霊界や幽界になりました。

しかし今は、永く続いた多次元世界は縮小・消滅に向かっています。今は神界と現実界の二つしかなかった原点への回帰の途上なのです。

先祖全体への供養をしていれば、亡くなった縁者は救われていきます。それほど、神様と先祖と生きている人との間の距離感が縮小しているからです。

自分自身で感謝を「与える」先祖供養とは、先祖霊や縁ある故人を癒《い》やし救い、自分も与える行為の反射を受けて「救われる」原理なのです。

神様は、自神が「感謝をする」ことで「対象を生み出す」存在です。神様は、他から感謝をされるから、与えてくれるのではないのです。

私たちも、見えない先祖の御蔭、コノ世でも「陰で働く人々」の御蔭で生かされていま
す。だから、せめて感謝の気持ちぐらいは他者にドンドン与えていきましょう。
感謝の先祖供養が継続できる人は大丈夫です。我良しの人は、先祖供養も継続しません。
自分のために生きているからです。

良い気持ちは、他人にいくら配っても尽きることはなく、逆に自分が何かを与えられま
す。これは絶対の理《ことわり》の真理なのです。

生かして頂いて　ありがとう御座位ます

[子育ては継続します　二〇一一年二月二十日]

9　気持ちだけでも「結ぶ」ことが大切

（感想）

目には見えない存在の田んぼの神様を自宅に招き、食事とお風呂を提供する能登半島の「アエノコト」という、ユネスコの世界無形文化遺産でもある伝統行事があります。

まさに目の前に田の神様がいるようにして、家族で接待をするのです。

これの始まりには諸説あるでしょうが、最初は老いて童心に帰ったお爺ちゃんが田んぼへの感謝の気持ちから、おままごとでもするように田の神様を接待していたとします。それを家族は温かく見ておりました。

ある年にお爺ちゃんが亡くなって、その翌年の収穫量が落ちたのです。家族はお爺ちゃんがしていた田の神様を家に招き接待した行為を思い出します。そして、お爺ちゃんがしていたことを真似ますと、翌年は豊作だったと夢想します。

このような現実的な意味が、長く継続される伝統行事にはあるものなのです。人間とは、本当にムダな行為ならば「継続」はしないのです。

収穫して飯が食えることへの感謝の気持ちを、見えない存在に対してカタチ・行為として表すことは、現実的な神事となり効果を持ちます。

今の肉体の次元では、カタチと行為はやはり大切なのです。他人から何かをプレゼントされれば、黙ったまま心中で感謝しているよりも、現実に「ありがとう」と発声したほうが良いのと同じです。

前項のサユリ先生の例も、赤子が成長できる環境を私の脳内で現実に提供するという「結び付け」をおこなうことで作用しました。これが理（コトワリ）を「踏む」という行為となります。

神社でのお祓《はら》いなどの神事も、すべて見えない存在への御コトワリなのです。

私たちは先祖供養する時に、自分が知る故人ばかりを供養するものです。しかし、これではあまり意味がないのです。

自分が実際に知る故人は、アノ世ではまだ新入生なのです。その新入生の故人をアノ世で世話をする先輩先祖たちへの配慮が大切です。

だから最初に先祖全体への感謝の供養（線香の一・二本目）をおこない、その後で特定の故人への感謝（三本目）をする流れが良いです。

供養ができない人は、脳内で最初に先祖全体へ感謝をして、その後に自分が知る故人へ感謝をするのが良いです。

これもコトワリ（理）なのです。

普段から防災意識を持って、もしもの場合を想定した準備をしておくことも大切です。これも事前にコトワリを踏む（経験）ことになります。

大難を無難にします。

今日も、様々な公害が付いた花粉が飛びますから、空気と食べ物に配慮してがんばりましょう。

生かして頂いて　ありがとう御座位ます

［気持ちだけでも「結ぶ」ことが大切　二〇一二年四月三日］

10 結ぶ力

生きている人間の大きな役割とは、「結びの働き」だと神示は示します。

この現実界では、神様の代わりとして生きる人間しか結びの働きができないのです。

では、結びとは何でしょうか？

二つのモノを一つに結ぶこと、縁を付けて連結することです。これにより、新たな三つ目が生まれるのです。創造ができるということです。

わかりやすい例で説明しますと、AさんがBさんを思い出して「元気にしているかな～」と考えることも結びの始まりです。

そしてAさんは実際にBさんに会いに行かれます。これは結びの実行中です。久しぶりに面会して話に花が咲き、思いもしなかった仕事を得ることになるなどの進展が起こります。そして、新たな展開が始まりました。

要は、AさんがBさんへの思いやりの気持ちを持ったことが始まりです。

人間は、他への思いやりや愛情を持つことにより、神様の代行としての「結びの働き」を起こすのです。何かを生み出します。幸福な人とは、結びの達人でもあるわけです。だから逆に言えば、がむしゃらに自分本位でがんばる人よりも、他への思いやりや愛情を持つ人のほうが、何となく「総合的には」幸福な結果へと進むことになるのです。それを見て、がむしゃらな人は「何で？」と不満を感じるものです。

不運な人を見ますと、自分のことばかりを心配しています。これは運気を落とす悪いパターンに入っています。だから、自分が不幸だと思っている人は、自分自身への心配をあえてやめて、他人への思いやりを考えることが、一番に効果的な運気を戻す手段です。

愛情力を持つこと・他への思いやりを自分が意識することが、神様の代行としての「結ぶ力」を発揮するのです。軽く希望したことが叶うようになります。感謝の先祖供養という、見えもしない「他の」存在への愛情や思いやりを示す供養行為は、何かを新たに生み出す力を高める最高の行為です。

考えてみますと、私は自分自身のことを心配しません。自分がどうなろうとも、「それは仕方がない」と明るく思っています。

霊力や神力というモノの本質は、「愛情力」です。相手のことを何とかしてあげたい、見えない存在を理解してあげたいという思いやりの心が感応を生み、実践力を持つ秘密があります。

先祖霊も見えないし信じられないという人は、奇異な意味ではなく愛情の視点で物事を見て、先祖の思いを理解してあげようと思っていますと、先祖の実在を体感しだします。

だから霊感がない人には、二種類あります。

一つは、強力な先祖の守護霊の加護があり、本人が健康であり霊体が強い人です。普通の霊や精霊は、本人に近寄れないのです。それで何も感じないのです。明るい人物に多いタイプです。

二つめは、愛情や思いやりがない人です。そういう人は、正しい感応力がないのです。これでは霊を信じられないし、感じることもありません。

コノ世で生きる間は、愛情力と思いやり力を意識して生きるほうが、何かとお得です。
心に内在する神様や神社に感謝を捧げることも、結ぶ力を与えられます。
そういう習慣があれば、色々と改善していくものです。

生かして頂いて　ありがとう御座位ます

[結ぶ力　二〇一一年二月二十一日]

11 自分を観察することがカギです

（前項の感想）

今の自分は何を思い、心中で何の「結び」を日々おこなっているのか？　と自分自身を静観することが大切です。


会社での苦しさと、自分の将来を結んで悩んでいるのか？

子どもへの心配と、家の将来を結んで不安になっているのか？

結婚への心配と、自分の未来を結んで心配しているのか？


私たちは日々、様々なことを結び付けて心配をしています。

これを自分で静観することで、悪い芽を摘《つ》むことが可能になります。


どんな人間でも心に内在神（良心・創造神）を持つ宿命として、自分の想像することが創造を起こすことになります。

想像力が大事なのです。

人間は、善悪両方の想像（創造）を起こすことが誰でも自由です。自由とは、その責任も生じる厳しさを兼ね備えます。できれば悪《あ》しきことを想像せずに、良いことだけを創造したいものです。

ただ、大切なことは悪い想像も認識した上で、それを「超えて」良いことを想像（創造）することなのです。良いことだけを考えていても落とし穴があり、現実性がありません。

しかし、こんな細かい理論よりも、自分が幸福になるにはどうすれば良いのでしょうか？

1．〝それでも〟生かされていることに、感謝をしてみることです。

2．自分のことを考えると不安や心配が尽きないので、他人への思いやりには何ができるか？　と考えてみることです。

たとえ何もできなくても、心中で思うだけでも価値が生じるのが「思いやり力」です。これの蓄積は、自分の運命を変えるほどのパワーを持つことになります。

3．思いやりの深い人、異性を超えた本当の愛情の深い人に自分がなることです。

つまり「思いやり力」と「愛情力」を自分で意識することが、本当の神様に近づく道なのです。祝詞・呪文や修行や宗教を超える、本当の実践的なパワーを自分が持てるようになります。

この時は、霊感を超えるカンナガラ（神様と共に）の状態となり、何も考えないでも自分の「する」こと「なす」ことが良い方向に向きます。

どんな人も死ぬまでチャンスに満ちています。

自分の心に神様の実在を実感すれば、コノ世の苦難さえも情け深く見ることができます。死後も、その心境が引き合う世界へと進みます。そのような人は、コノ世での成功や栄華を超える、真の幸福へと進まれます。

今日も希望を持って歩いて行きましょう。

生かして頂いて　ありがとう御座位ます

［自分を観察することがカギです　二〇一二年四月七日］

12 神様は自神を観たいのです

神様の性質は鏡（神《カ》・我《ガ》・見《ミ》）です。すべてを反射して映します。だから、神様（内在神）には感謝をしますと、自分自身に感謝の思いが増幅《ぞうふく》されて反射します。

つまり、思わず自分が感謝をしたくなる現実が到来しやすくなります。良いことが起こるということです。

神様にお願いばかりしている人には、何が反射するのでしょうか？

自分自身がお願いされるという重圧がかかります。つまり、自分を縛る抑圧が増していきます。これは良い状況ではありません。縛られた心はチャンスに弱く、幸運を逃します。

ここで問題があります。

鏡（神）が、自身（自神）の鏡としての姿を見たい場合、どうすれば見られるのでしょうか？

唯一の手がかりは、神（鏡）としての自神に反射して現れた世界を観ることだと思います。昔から子どもを見れば、その親がわかると言いますね。今の現実界を見れば、神様の姿がわかるはずなのです。

そして、どこを見るかが問題です。

コノ世には、悲惨なことや苦しいこと、残酷なことも現実にあります。その反対の良いこともたくさんあります。

ただ言えますことは、人間がたくさんいる現実があります。これは人類に愛情が残存する証拠だと私は思います。

子どもが生まれて成長するとは、これは大変なことです。大変な手間と、他人同士の助け合いがなければできないことです。奇跡の連続です。どんな悲惨な国でも、そこに子どもが生まれて人間が生存し続ける限り、〝それでも〟生かそうとする神様の愛情が存在しています。

未来は完全に白紙です。神様も我々と一緒に先行きを観ているのです。

人間が、遊び心で「こうなれば良いなあ〜」と軽く思うことは、そこに強い我《が》がない分「叶いやすい」のが現実界の法則にあります。どんな大きなことでも、我欲がない場合ほど叶いやすくて実現化します。

現実に叶えば、それが運命だったと「他人任せな」運命論者になってはいけませんよ。

自分の我の無い思い方と、他のためを思う「努力」があってこそ実現化します。


人間は神様の反射を受けた創造者（想像者）であることを、人類は忘れています。これが神様と人間が分離した、すべての不幸の始まりです。

神様は、自神の創造者としての姿の片鱗《へんりん》の働きをすることを人類に求めています。

だからあきらめずに、良いことを思って創造していきましょう。


それを実現させるには、この言葉の精神で生きることが秘訣です。それが、

生かして頂いて　ありがとう御座位ます

［神様は自神を観たいのです　二〇一一年二月二十三日］

13 登る山は高いほどおもしろいのです

（前項の感想）

人間は、未来が白紙だということで安心する人と、逆に白紙は怖いと思う人に分かれます。あなたは、どちらの心境でしょうか？


明日が白紙ならば、やはり今の自分の現実を見る必要があります。

もし運命が決まっていると思うならば、自分ができるギリギリの努力を人間はするでしょうか？

その反対に、自分は何をしても運命でダメだと思わないでしょうか？

真実は時間限定の人生の間に、自分の良心（内在神）をギリギリまで発露させる行為をすることが、人が生まれて来る目的です。


そのために、あえて未来は白紙です。

逆に白紙である必要があるのです。

鬼気迫る演出（生活の心配・不安・自然災害……）が絶えず波のように、生きる私たちに押し寄せます。次から次へと間断なく「テーマ」を変えて、生きる私たちに迫ります。しかし、この演出をしているのは、自分のすべてを知り見ている心の内在神（良心）なのです。そして、最後はボロボロになり亡くなっても、内在神が「よくできました」と救い上げてくれます。

ただ、内在神にはウソも隠し事もできないのです。
一番に畏《おそ》れるべきは、自分の良心（内在神）です。他人など一切関係ありません。

神様という存在は、人間が感謝と崇敬の気持ちで祭ってこそ（行為あり）、そこに実在（神気が寄る）するものです。人間側に感謝する気持ちがなければ、神気が寄ることもないですし、そこに存在しません。

神などいないと思う人には、神様はいません。
神様に本当に縁が無いのです。

要は、神様が存在するには、人間が不可欠なのです。神様と人間は、表現は二つに分かれていますが、真相は一つです。「神様＝人間の内在神」です。

神様がいないと思う人には、心の内在神も奥へと隠れます（天の岩戸隠れ）。神棚を祭る人は、霊的には自分の本性（内在神）を祭ることになります。だから他人が使用した神棚をもらうことが厳禁なのは、その神棚が前の持ち主の個性（内在神）の磁気の色に染まっているからです。他人の磁気（血液と同じ）は、自分の磁気を弱めます。しかし、親子などの家の神棚の引き継ぎは問題はないです。霊的磁気が近いからです。

コノ世は、自分オリジナル磁気を極めて、内在神と一体化（カンナガラ）するのが大切な目的です。

コノ世とは、神様が自《みずか》ら肉体を借りて挑戦しに来ている世界でもあります。コノ世のルールが厳しいのは当然です。それを自分自神で要求して来ているからです。もちろん自ら白紙の設定を望んで来ています。

このルールの中では、神様を祭る行為は自分自身を見つめる行為につながり、修行が進みやすくなります。

神社や神棚に自分(内在神)以外の外在神を求める限り、その人は進化が停滞しています。

運勢も弱体化します。


自分の心の内在神(良心)と歩んで行けば、すべては大丈夫なのです。

最後に魂が救い上げられます。

生かして頂いて　ありがとう御座位ます

[登る山は高いほどおもしろいのです　二〇一二年四月十一日]

14 空《くう》の次元とは鏡です

今朝も窓越しに太陽を拝していました。

窓ガラスを挟んでですが、腹式呼吸をしながら数分間、「アマテラスオホミカミ　アマテラスオホミカミ」と何度も想起（心中で思うこと）しました。近年は「ス」の音を強く出す意識が自然と出ます。

このアマテラスオホミカミの二回単位の発声なり想起が、神道の奥義であり実践的に内在する神気を発動させる太祝詞（フトノリト）です（二〇〇七年五月二十九日記事、『森羅万象1』第二章「大祓詞の秘密」参照）。

声に出さずに心中で想起する時は、「ス」で最大に息を吸ってお腹が張った状態です。発声する場合は逆に、「ス」で腹が一番へこむタイミングとなります。

私は普段でも仕事をしながら、フトノリトを想起しています。想起する速度は、超低速から高速まで、臨機応変にその場所や状況で変化しています。やはり、邪気を感じる場所では、速いフトノリト想起をしています。

フトノリトの二回単位のリピートは、私の意識をすぐに「安定」「調和」という絶対母性の海へと誘《いざな》います。

この母性の海に浸かりながら、仕事をしたり困っている人々の話を聞きますと、慈悲の視点で観ることができます。

この「鏡」のような状態の私に対して、他人から向けられる意識は、増幅《ぞうふく》して本人自身に反射すると感じます。様々な思いが本人に返ることでしょう。

今朝の朝日を拝した時に、太陽もまったく同じだと感じました。

神話では、天照太御神《あまてらすおほみかみ》は孫のニニギノミコトが神界から日本へと降りて行く決意をされた時に、鏡を手渡して

「この鏡を私、太陽神アマテラスオホミカミだと思って大切にしなさい」

と伝えました。これは言葉通りに、太陽＝鏡（反射する物）だということです。そのままの解釈が正しいです。

鏡である太陽の熱は、地球の熱が反射しているとも感じます。今の科学では、太陽自体が巨大な熱源を発生していると考えています。しかし、私の感応では、太陽自体の本当の温度は体温ほどでした。

なぜ体温ほどだと感じたのでしょうか？

それは今の私が人類だから、自分の体温が太陽に反射をするので、そう感じたと思います。太陽を観測する天体ごとに、その星や宇宙の場所ごとに、太陽の表面温度は違った観測データが発見されることでしょう。

太陽からの熱は、科学的には真空の宇宙空間でも伝わる電磁波が起こす振動から発熱する輻射熱《ふくしゃねつ》により、途中の空間では熱くならずに地球まで届いて発熱することが科学でわかっていますが、まだその先に、観測者側の環境が持つ熱も関係すると感じます。以上はあくまでも私の夢想です。

太陽望遠鏡には、太陽表面の躍動するコロナが映っていますが、これは地球の内部のマグマ活動が反射して観測していると考えますと面白いです。人類の思いは、太陽黒点として観測されている感じがします。

前記のことは、地球の磁場から「遠く離れた別の」宇宙空間から太陽温度を観測することにより、今までの科学概念の矛盾が露見することでしょう。

対人関係や社会生活で悩む人は、太陽のように反射する鏡に自分自身がなれば良いです。すべてが解決します。自分が他人の嫌な思いを受け取る間は、まだ心の太陽（内在神）が発露をしていないからです。

逆もあります。自分が持つ嫌な思いが相手の鏡に反射して、自分が無性に怒っている場合が多いのです。犯人は自分自身だったのです。

他者から来る刺激が、それが嫌なものだとわかるのは、自分が同じものを持つから理解できるのです。本当に純粋で無垢《むく》な子どもは、イジワルをされていても気づかない場合があるのと通じます。親が聞いて初めて、それがイジワルだとわかります。

絶対的な善意ですべてを受け取れば、アハハ～と気にせずに通り過ぎているものなのです。いちいち悪意を受け取っているようではダメです。

反射する鏡とは、与える一方でもありますね。
どうやら鏡的な生き方に、コノ世の幸福の秘密がありそうです。なにせ、天照太御神は
自らが鏡だと神話で言ったのですから。
自分の心にすでにある鏡を出しましょう。

生かして頂いて　ありがとう御座位ます

［空の次元とは鏡です　二〇一一年二月二十二日］

15　相手に自分自身を見ています

（前項の感想）

太陽表面のコロナの活動と、地球の地下深奥のマグマの流れの相関関係を科学的に観測できれば興味深いデータが得られることでしょう。つまり、太陽コロナを観測することにより、地球上での地震発生地が予測できると感じます。

アメリカほど太陽を二十四時間緻密《ちみつ》に観測している国はありませんから、米国はすでに巨大地震の場合は大体の予測を立てていると思います。

阪神淡路大震災の時も、多くの神戸在住のアメリカ人が旅行や出張で家にいなかった、観測機器を持参して来日したアメリカの地震学会のグループが大阪のホテルで観測勉強会をしていたなどの噂がありました。東日本大震災の時は、アメリカの空母が東北の近海にすでにいたなどの話もあります。

このタイミングの良さが様々な陰謀論的な憶測を呼びましたが、これはただ事前に予測していたのが真相だと思います。

今の東京のアメリカンスクールの生徒全体の休校動向などには興味があります。

前項の「観測する人間によって、その対象である相手の本質が変化する」とは、重要で意外な視点なのです。しかしこれは、最新科学の量子力学では大正解です。

母親は悪いことをする自分の子どもを見て怒りますが、その時々の母親自身の心境により怒り方が変化しています。激怒する時の母親には、同じ自分の子どもなのに特別悪く見えているのです。

逆に自分の心境次第で、子どもを愛《いと》おしく見て冷静に叱ることもあります。

子どもは、法則性のないこの矛盾を感じて虚しいストレスに感じることがあります。

会社でも同じです。どうしても気になり腹が立つ同僚がいるとします。別の同僚は、その同じ同僚を見ても腹が立たないのです。

どうして、自分は腹が立つのか？　自分自身の深層心理を相手に見ていると言えます。

これは、その相手と自分との間に「心の鏡」に映る因縁があるとも言えるのです。

実は、嫌な他人ほど縁が深いのです。このことを認識しますと、自分が見る視点をクールダウンして相手を静観することもできます。
さらに言えば、自分が無関心な相手とは本当に縁がないとも言えます。

これは何にでも言えることです。
地震が心配ならば、これは関心があるという縁により無難な方向に行くものです。
だから世界中で起こっている様々な悲劇に、無関心でいることは罪かも知れません。
生きている短い間ぐらいは、他人のためになることに関心を寄せたいものですね。

生かして頂いて　ありがとう御座位ます

［相手に自分自身を見ています　二〇一二年四月九日］

16 「感応する」とは、思いやりの気持ち

今朝は節分という神界の正月らしく、昨日とは違い清々《すがすが》しい朝でした。コノ世の霊的な振動数が、また一つ上がったようです。

昨日は、食べることが苦痛でした。食べ物さえも邪魔になる感じがして、蒸留水と微量の粗塩《あらじお》をいつもよりも多く摂《と》っていました。

人間が肉体を脱ぐ時は、やはり他から入れる物は一切が邪魔になるようです。他人である有料先生から長年にわたり霊的ヒーリングを受けた場合、その憑けられた他人の磁気が、魂が肉体を脱ぐ時に摩擦を起こして邪魔になります。

自分のオリジナル磁気だけの人は、死ぬ時は楽に肉体を脱いで離れることが可能となります。身軽なので高次な世界へと帰ることが可能です。

また、修行のような苦痛の中で即身成仏《そくしんじょうぶつ》（本来の意味を取り違えた修行者は、生きながらミイラになる間違いを目指しました）を目指さなくても、年をとれば自然と食が細くなり、

人も動物も枯れて死ぬのです。

この悩み多き人間でも、全員が今すでに即身成仏に向かっている身なのです。自分が神を宿す生き物であることに深く気づけば、それは自分は生きながらすでに即身成仏「だった」ということになるのです。

朝日を見た時に、十一の観世音《かんぜおん》というイメージが湧きました。十一というのは十一次元、つまり宇宙のすべて、森羅万象を意味しています。

そして、宇宙の縮図は、私たちの雑多な日常生活の中に圧縮されて「常に在る」のです。つまり、宇宙などという遠い世界を知る必要はなく、自分の日常を丁寧に観ることさえできれば、全宇宙を観ていることになります。

だから日常生活を懸命に生きた人は、良い顔になっていきます。一つのことを誠意をもって追究した職人が、顔に味ができていき、人生を悟ることもあるのです。人生を生き抜いた苦労多き主婦が、仏のような柔和な即身成仏にも成り得るのです。

日本語とは神界言葉として本当に不思議な言葉です。時代に合わせて変わる言葉にさえも、神意が隠れているものです。

観音様と昔から言いますが、この観音《かんのん》とは、感応《かんのう》でもあります。感応様です。この本意は、相手の気持ちを感じようとする、相手の気持ちになる、他者の声を良く聞く、などと感じます。

仕事でも人間関係でも何でもあらゆることに、その対象の「気持ちを感じ取ろう」とする姿勢が大切です。

神界から皇女・倭姫《やまとひめ》が降ろした唯一の祝詞《のりと》である大祓詞《おおはらえのことば》に述べられていますように、太古のように草木が気持ちを発信し始めています。どんな物にも、耳を澄ませて思いやる気持ちさえあれば、その声に感応する時代が始まっています。

自分が他人の気持ちを感応する（思いやる）姿勢があれば、その人はすでに観音様（感応様）なのです。

多くの人を癒《い》やし助けることでしょう。

生かして頂いて　ありがとう御座位ます

［感応するとは、思いやりの気持ち　二〇一一年二月三日］

17 自分と同じモノが寄っているだけです

（前項の感想）

悪い物事や霊にも、人は感応しているものです。

パチンコがやめられない、不倫がやめられない、子どもへの虐待がやめられない……と人間の様々な悪い性《さが》が出る人がいます。

そのような悪習慣・中毒性も説明ができます。その悪習慣の時に限りストレスが発散される脳のホルモン活動のパターンが構築されてしまっています。その状況で発生する「音」や、行為からの「型」の刺激が、脳から快楽ホルモンを分泌させています。

タバコ中毒にも同じことが言え、本当にニコチンを欲しているのではなく、タバコを吸う行為・型により発動する脳ホルモンの分泌に誤魔化されているとも言えます。

冷静に見ますと、お猿さんのような滑稽《こっけい》な行為でさえも、人間は時間と金と人生を破壊するリスクを冒してまでしてしまう危険性があります。

人間の脳とは、カタチ（形・型）のパターンに弱いのです。

これを上書き修正するには、やはり運動やバランスの良い食事などと共に、心が安心するホルモンを分泌する、良い生活習慣のパターンの構築が必要です。

この意味では、伊勢白山道で示された習慣には、大きなヒントと実践的な改善力を持つのは道理なのです。しかし、人にはそれぞれ好みと「縁」がありますから、自分なりに生活の中で脳を安心させるカタチ・習慣のパターンを持ちましょう。

では、霊との感応については、どうなのでしょうか?

悪いことや不倫なども、霊の憑依の責任にして自分は悪くないと思いたい人が多いです。しかし、除霊を繰り返しながら、やはり不倫は継続し、そのうちに有料先生とも不倫するという滑稽なパターンもあります。要は、根本的に除霊やお祓《はら》いなどは間違いなのです。

悪臭の元は、自分自身にあるのです。憑依とは、同じ周波数だからこそ同調する・合う・会う・遭う……ということに尽きます。

自分と同じモノ(霊)が寄ってくるだけなのが真相です。自分が真から改心・反省すれば、その瞬間に悪い霊からの同調は止まります。

霊を祓う・除霊するとは、自分自身が違う周波数の振動数を出す心境にならない限り、ムダであり完全な間違いです。

除霊などという滑稽なことをする人間と縁を持つのが、最悪なのです。

神社での正式なお祓いとは、「神様への感謝の気持ちの奉納」です。祓う（＝削除）と奉納では、意味が真逆です。自分と同じモノが寄るという法則により、神様に感謝を奉納する人間には、感謝をしたくなる福が寄るわけです。邪気は、感謝の気持ちに同調できませんから、自動的に去ることになるのが祓いの真相です。

神様に、心配する気持ちや霊を削除しようとする気持ちを奉納すれば、同じもの（心配事や削除）が自分に返るという道理です。

この使い分けを知るだけでも、人間の人生は変わります。自ら大損している人が、とても多いのが現実です。やはり、自分で正しく知ろうとする努力が大切であり、運命が変わります。

未来は白紙という、自己責任・自分次第であるという現実を知りましょう。
神様も、人間に任せているという恐ろしさを知りましょう。
だから逆に言えば大丈夫なのです。

今、この瞬間に神様への思いやりを自分が持てれば、自分の心に存在する神仏が、あなたを思いやってくれます。神仏に守護「される」のではなく、自分が神仏を守護したい・大切にしたいと思えば、その瞬間は自分が神仏に大切にされています。
自分が良い気持ち・思いやりを出せれば、自分なりに大丈夫になります。

生かして頂いて　ありがとう御座位ます

［自分と同じモノが寄っているだけです　二〇一二年三月六日］

18 合わせるならば最高のチャンネルに

最近の新しいテレビは、電器店で購入して自分でアンテナ線につなぎ、住む地区の郵便番号を画面に打ち込めば、自動的にチャンネル設定をしてくれます。簡単になったものです。昔ならば、砂嵐の画面から調節していたものです。専門家にして頂く必要がありました。今では自分でできます。

すでに空間に「在る」電波に対して、自分が持つテレビ側から同調をしなければ見ることができません。

これは、見えない霊的存在に対しても同じことが言えます。

問題は、どんな存在に対して自分が同調するのか？　縁を持とうとするのか？　です。

コノ世に満ち満ちている、命を生み出す神様的な存在の波動とは、非常にシンプルです。

根源存在でさえも、

「生かして頂いて　ありがとう御座位ます」

という、すべてに感謝を捧げている波動なのです。

「生かしてやるぞー」や、「生きなさい」ではないのです。まるで何かの対象を意識したような、アリガトウという感謝の気を発散し続けています。この気が、何も無い空間にも万物を生み出し続けています。

真実の神様は、感謝をされるのではなく、「感謝をしている存在」だったのです。感謝をすることにより、対象を生み出すのです。

生命を生み出す存在の真似を、私たちもおこなえば良いです。

何か新しいことを始めたい時は、「挑戦させて頂いて、ありがとう御座位ます」。

家を建てる場合は、「ここに家を建てさせて頂いて、ありがとう御座位ます」。

新しい仕事が決まれば、「新しい仕事をさせて頂いて、ありがとう御座位ます」。

その他すべては、「生かして頂いて　ありがとう御座位ます」で対応され、物事の発生がスタートします。

以上の文章を画面に書いた時に啓示が降りて、これが神道の「ことほぎ（言祝ぎ・寿ぎ）」の真相だと示されました。

神道の本質は、他者や万物を祝うことだけなのです。

他者を祝えば、新たな誕生・発生・運気の隆盛が現実界では「起こる」のです。超シンプル、超単純な仕組みです。

他者や物事を、ほめて祝福することが、お祓いとなり縁起が良いのです。

喧嘩や争いの解決には、もつれた糸をいったん「ほどいて」、生きているだけでも有り難いと思う気持ちでククリ直します。


今では郵便番号でテレビのチャンネル設定ができるのと同じで、昭和までの難しい祝詞や呪文、長時間の信仰の行為は一切が不要でありムダです。

もう無効なのです。


平成では簡単でシンプルな「生かして頂いて　ありがとう御座位ます」が、自分を最高神へと繋ぐ生命のチャンネルを合わせてくれます。

霊能行為で集金する悪徳な有料先生に同調して、その穢《けが》れを奇跡だと喜んでいてはもう終わりです。

時代はどんどん流れて行きます。

日々新たに毎日、他のすべてを「ことほぎ」ながら、感謝しながら、生きて行きましょう。必ずククリ直され、再生していきます。

生かして頂いて　ありがとう御座位ます

［合わせるならば最高のチャンネルに　二〇一一年二月七日］

19 ほぐす気持ちが大切です

(感想)

「ことほぐ(言祝ぐ・寿ぐ)」「ことほぎ」とは、美しい響きです。お祝いの言葉で祝福すること。ほめること、です。

まさに祝う・ほめる言葉で、からまった糸を「ほどく」意味です。

子どもを育てるのにも、ほめる言葉が子どもを成長させる言霊となり作用します。年賀状なども、新春の「ことほぎ」を相手に送るという神道の精神が根底にある感じがします。

つまり相手を祝う人間は、それを発した自分自身が祝福されるという霊的な真相がありま す。逆に言えば、他人を呪う間は、不運が付きまとうということになります。

人間は、同じような環境に生きていましても、自分が興味を持つ内容や対象には違いがあります。

自分が何にチャンネルを合わせているのか? を静観すれば、今の自分自身を冷静に見ることができます。衣食住・色欲・金欲・物欲……、人それぞれです。

少なくとも、このようなブログ記事や本を見る人は、何か大いなる存在へとチャンネルを無意識に合わせる段階に入りつつあります。


しかし問題は、チャンネルを合わせる対象を自分の心の良心（内在神）以外に持たないほうが良いということです。

自分の外部へチャンネル合わせをする間は、堂々巡りの停滞・退化が継続します。自分の生活の中での安心感が遠のきます。

まず、〝それでも〟自分や縁者が〝生かされている〟という事実を見ましょう。この事実をアタリマエにする間は、良い運気は起きないのです。


コノ世のことは、すべて運気で決まっていきます。運気とは、その個人の心境が反射する完全に公平で自己責任のものなのです。

これからは外部存在に祈願する人ほど、自分の運気を無くしていきます。そういう霊的磁気の世紀に入ったのです。

他者を祝福する気持ちを意識することは、自分の内在神を起動させて自分自身の因縁や不運のすべてを「ほぐして」いくことにつながります。

自分が合わせるチャンネルさえ正しくなれば、誰でも生きている間はチャンスが自然と訪れます。

1. 生かされていることに、日々の感謝をすること。

2. 他者を祝う気持ちを持つこと。

3. 自分の先祖と心の良心（内在神）へと、感謝をすることにより正しいチャンネル合わせをする。

これらにより、からまった因縁も不運もほどかれていきます。

人間の心境が改善する時は、一瞬で変わります。まさに、何かが落ちるように突然に変わって「**いる**」のです。

自分の心境が変われば、生活のすべての有り難さに気づくことになります。これが実生活を改善させます。

人間は死ぬまで、心が目覚めるチャンス（機会）に満ち満ちています。
生かして頂いて　ありがとう御座位ます

［ほぐす気持ちが大切です　二〇一二年三月十七日］

20 阿弥陀クジには外れ無し

「七月に起こして、八月に知る。九月からの三ヶ月の迷い。
その次の年が、再生の年となり、またその次の年が新しい新年」

このような意味深な書き方をしますと、様々なことを想像して心配されるでしょう。先に答えを書きますと、「全然、大したことではない」「今までと同じ」ということです。今でも戦争・騒乱・災害・悲惨な事件……、人類が想像できる限りの最悪なことが毎日のように起こっています。

ここ数千年の預言書の類《たぐい》などは、全部が前記のような思わせぶりで終わっています。それを書いた人が死んでいるので、最後の「オチ」が後世に消されているのです。それで飯を食う人たちの手によってです。すべての書に共通していることです。

では、消されている言葉は何でしょうか？

「これは、外れる」「こうはならない」……、さらには「心配するな。何とかなる」（一休さんの遺言）などなど。

最近の軍事評論家の意見を聞いていますと、核兵器が使用されることは「絶対にない」と言う人が多いです。

なぜならば終戦しても、重度汚染地域に人間が入れないし、社会インフラ設備を破壊するからです。要は、戦争に勝利しても意味がないのです。得る物がありません。

では、なぜ核兵器を持つのでしょうか？　その恐怖感により、戦争への抑止力となるからです。

だから預言書の類も、人間への「戒《いまし》め」として古くから世界中で定期的に流行しています。また、生活が苦しく社会に不満を募らせている人々には、反社会的な破壊を匂わすことで、一時的に溜飲《りゅういん》を下げさせる意味もありました。

今の私たちも、毎日のように金銭や人間関係・子どもの進学・仕事の先行き・恋愛などで、心（内在神）を痛めて心配をしています。

では、これは悪いことなのか？　と言えば、前記の預言書と同じで、**少しでもそうならないために、皆さん悩んでいるのです。**

だから今朝に私が感じていたことは、「みんな良い役者やのう～」でした。心配して悩んでいる皆さんは「今回の人生の役に完全に成り切っている」のですから、本当に真面目です。

私のように過去生からの意識を継続したまま生まれていますと、コノ世の物事は愛すべきことだけであり、最後にはすべてを置いたまま去ることを心底から知っています。ある意味では、消えて行く物事に囚《とら》われないで、その役に成り切れない面があります。だから役者としては、落第生です。

だから、悩みがあっても過剰に心配せずに、適度に心配して生きましょう。それがちょうど良い加減です。

何があろうとも、最後はみんな大丈夫なのが、コノ世の仕組みです。阿弥陀「様」クジには、外れは無いのです。必ず全員が救われます。

大いに今は、その役に成り切りましょう。今の人生を演じ切りましょう。

生かして頂いて　ありがとう御座位ます

［阿弥陀クジには外れ無し　二〇一一年三月二日］

21 今を楽しみながら畏れも知っておくこと

（前項の感想）

最近特に感じていますことは、未来は刻々と変化しているということです。

人類が持つ感謝の心の磁気の「総和」により、明日は形成されていきます。だから未来は白紙であり、自分のできる努力が生きるのです。すでに決まった時間を辿《たど》るだけの、消費する人生などありません。

人類はもっと自由なのです。

ただ、自由には、自分で努力するなどの自己責任があります。これが嫌な人は運命という幻想に縛られることを深層心理では望んでいます。

宇宙にも人間にも決まっていることは、大きな方向性の「流れ」だけです。人間がいつか必ず死ぬことも、すでに決まっている流れの一つです。

その流れの中で自由に泳ぐために、私たちの魂は受肉しています。

大切なことは、明日を心配するあまり、今の貴重な時間をムダにしてはいけないのです。人間が明日を心配するのは、災難を避けたい、幸福になりたいという思いがあるからです。**幸福のために明日を心配しているのに、今の時間を心配で潰しているとは矛盾しています**。この堂々巡りでは、いつまで経っても幸福を味わうことはできません。

自分の現状の中で「感謝すべきことに気づく」ことが大切なのです。

白紙の未来を意識的に改善することが重要であり、これが人類には可能です。

一九九九年七の月に人類が滅亡するというノストラダムスの予言にしても、違う見方では核戦争を大国に起こさせなかった貢献をしています。このような悲観論が社会で流布したことが、権力者の意識には影響しています。

もし核戦争をすれば有り得る悲惨な状態を、予言はリアルに想像させる貢献をしました。これも神様が静観した必要な予言だったと言えそうです。

だから未来を「無難にするため」に、日本では地震と津波の防災想定が大切です。

今の生活に感謝して楽しみながら、これからの防災を認識して生きましょう。

四月十一日には海外で大地震が発生しました。
大地の意志表示は、これから地球全体での地震の発生です。

天体運行からの五月の特異点としては、五月十二日の前後と五月二十一日を起点に二十五日まで、感謝磁気の発散を自分の生活の中ですることです。これらの日の想念が、他の日に影響して左右します。
多数が意識することは無難へと調伏《ちょうぶく》されます。無難に過ぎていくことでしょう。特異点の解釈は、自己判断と自己責任でしてください。

未来は改善することが可能です。これは個人の人生でも同じです。
私たちの人生は、もっと自由なのです。

生かして頂いて　ありがとう御座位ます

[今を楽しみながら畏れも知っておくこと　二〇一二年四月二十二日]

第四章

東日本大震災とその後の対策

1 地震と今後の対策 1

二〇一一年三月十一日十四時四十六分、東日本大震災発生。

東北・関東圏の人々は今日から、ワカメ類、根昆布なら一日に一個、納豆・豆腐・豆乳・大豆プロテイン・味噌汁などの海藻類・大豆類の摂取を、一週間だけ心がけること。自分が手に入る物だけで良いです。

過剰な摂取は、害になるので不要です。適量を少しが良いです。

適量のヨード成分を体内に蓄積することによる、放射能を警戒しての予防策です。

一九八六年に起きたチェルノブイリ原子力発電所事故の時も、ヨード剤の摂取をしていた人は、後年の症状が軽症で済みました。これは、もしもの場合に備えた対策であり、原子力発電所事故だけではなく、地磁気からの電磁波への対策でもあります。

前記の成分と、蒸留水の飲用を参考にして自己判断してください。

二〇〇七年七月二十六日の記事で福島県の因縁について書きました。

「最近、太平洋側を上から南下して来た地龍は現在、福島県あたりで停留しています。このまま、地龍を垂直に根国底国《ねのくにそこのくに》へ戻すには、我々が生かされていることへの感謝想起をすることです。」

昨年（二〇一〇年）の十二月十五日の記事において最後に書きました、

「来年の春三月頃には、また節目が来るかも知れませんが、何とか泳いで行くでしょう。」

今週三月七日には地震対策として「備えあれば心配なし」を書きました（本書第四章三〇三ページからを参照）。

具体的な地名や時期を明かして事前の告知をしますと、日本人の不要な心配の思いの磁気が二次災害を引き起こし、過大な災難を新たに創造することを、神示は懸念していました。だから、今は慌《あわ》てないことが大切です。

ここは、過去記事で告知されたことをいつも通りに実践していくことが、大難を小難にします。淡々と、対応していきましょう。

そうすれば、絶対に大丈夫です。

たくさんの亡くなった方々の御冥福を思います。

生かして頂いて　ありがとう御座位ます

［地震と今後の対策　1　二〇一一年三月十一日二十三時五分］

2 地震と今後の対策 2

まだまだ多くの人々の御遺体が発見されていないようです。多くの人々の魂の成仏を思います。

人が懸命に生きようとしていた上での天災による死は、神様の特別な恩寵《おんちょう》(情け)により、安らかに救われることを私は確信しています。

みんな一緒ですから、不要に死を恐れないことが大切です。

地震の警戒と言いましても、仕事や生活をしていますと何もできないものです。

ただ、今の自分がいる場所、立っている位置と周囲の品物や柱・壁との位置関係だけは常に認識しておいてください。

グラッと来た時は、何が倒れてきそうか? 何が落ちてくる位置か? だけを常に想像しておけば良いです。

広い空間の部屋では、中央にいるよりも、壁や柱から二~三メートル前後の位置にいるほうが、部屋が圧縮された時にわずかな空間ができるかも知れません。壁に近すぎてもダメです。そのような位置関係を絶えず認識しながら生活しましょう。

自分の左右の足の甲の中央あたりや、左右の腕のどこかが脈打つ感覚を覚えた時は、周囲の状況と位置を確認しましょう。

運転中ならば、広い場所があれば一時的に駐車すれば良いです。

肉体の左側は違う次元の様相が反射されますが、右側は現実界の近い時間の出来事の反射を受けやすいと一般的に言えます。

ひどい状況にいる人も、安全な地域の人も、寝る時はできる限り真っ直ぐな体勢で寝ましょう。そうでないと、筋肉痛や血流障害を起こしやすい地磁気が発生しています。

血流が大切であり、今後の健康に影響します。

亡くなった人も、生きている人も、心は生きています。

だからこそ、自分が生きる間は、この言葉の気持ちで目の前のことをしていきましょう。

死者からも目を逸《そ》らさないために。

生かして頂いて　ありがとう御座位ます

☆地龍情報（二〇一一年三月十二日十一時五十一分）

昨日三月十一日の夕方、福島県から石川県の白山に向けて地龍が走りました。その間にある地域は、地龍の通過点になるので注意します。今後は、福島県と能登半島の地震の相関関係を注視します。

この地龍の道が広がった時に、次の視点は東海地方へと移ります。

［地震と今後の対策　2　二〇一一年三月十二日］

3 地震と今後の対策 3

非常に多くの被災死亡者に対して、強い哀悼の意を思います。

生き残った日本人が懸命に生きることで、死者を供養できますし、生き残った家族の方々をサポートできます。がんばりましょう。

原子力発電所の深刻さが増しています。ただ考えてみますと、原子爆弾の直撃の閃光を受けるわけではないのです。

だからこれは、近隣地域の方は外気と風に触れることに注意すれば、危険度は半減し、さらに昆布類＋大豆類＋白湯《さゆ》（体温ほどの水）の水分補給という食品による対策により、ほぼ大丈夫だと感じます。

とくに、東北・関東地域の御方は、御飯に味噌をそのままを乗せて食べるのも良いです。

過去の原発事故では、日本の味噌が効果があったことが報告されています。

チェルノブイリ原発事故やスリーマイル島原発事故を見ましても、政府指導の避難をした方々には、放射線による明らかな障害は見られません。

ちょうど花粉症の季節ですから、日本全域において、外出時はマスクとフード付きの長袖の服・帽子が良いです。

雨が降れば外出を控えるか、仕方がない場合は肌が濡れない工夫が良いでしょう。

妊娠中の女性や、幼い子ども、甲状腺の病気を持つ方は、昆布類や大豆類の摂取については医師に従いましょう。

ただ、私の感じでは、日に一回の味噌汁ぐらいは、他の食材と合わせて飲む場合は良いと思います。他の食材との消化作用により、化学的な反応は変わるものです。

健康・安全を考えますと、食材は乳酸菌などの善玉菌の摂取も良いと感じます。市販されている乳酸菌の飲料類でも良いでしょう。日に三回も摂れば十分です。

また今までブログで紹介しました善玉菌の整腸剤、亜鉛を含むエビオスなども参考になると感じます。自己判断をしてください。

やはり普段の健康には、蒸留水の白湯の飲用を参考に。体内の循環・排泄を高めていれば、過剰な心配は不要だと感じます。
今日は気温が上がりそうですから、日本全国で地震への警戒をしましょう。
生かして頂いて　ありがとう御座位ます

［地震と今後の対策　3　二〇一一年三月十三日］

4　このような時に出張になりました

約一ヶ月前から決まっていたのですが、明日十五日から東海方面に出張です。本当は一月下旬の予定だったのが、取引先の都合により三月中旬に延びたのでした。このような時期に東海近辺をウロチョロすることになるとは、私の定めだと感じて覚悟をしました。しかも出張で宿泊する場所は、太平洋に面した場所にある施設です。もし東海・東南海地震が起きれば、海岸沿いは危険です。家族と縁者には、私が戻らない場合に連絡するべき先を伝えておきました。

偶然ですが、この出張期間は特に東海地方の地磁気が不安定な期間だと神示は示します。

今回の大地震による犠牲者の死を、ムダにしてはいけません。今回の地震災害を目《ま》の当たりにして、津波の恐怖をすべての日本人が心底から思い知りました。

この被害状況を見たことにより、津波に対する認識の甘さを根本から思い改め、津波の場合の避難経路を考えたと感じます。認識を改めたことにより、多くの人々が津波の被害から「今後」は逃れられることになるでしょう。犠牲者たちが自分の身を呈《てい》して、教えてくれたのです。この経験をムダにせずに生かしましょう。

無数の死を目の当たりにした時、遠くで見ている人間たちは、絶望するだけの人間と「それでも何とかしたい」と思う人に分かれます。

しかし、死者への敬意として、生かされている人間が絶望するだけでは、それは被災者の死を本当にムダにすることになり、死者への慰めにもなりません。

死者を供養せずに、その「死の意味」に自分の思考を漏電させているだけでは、死者に対しても不敬です。

せめて、「今も生きている死者の魂」を元気づけて慰める供養を、生きている人間がおこなう責任があります。

1．海の近辺で大地震が発生すれば、とにかく全力で高い場所を目指しましょう。

高い場所がなければ、鉄筋コンクリートの建物の高い階が良いです。今回の大津波でも、鉄筋コンクリートの建造物は残っています。

過去記事では何度も、これからは鉄筋の建物が良いと神示で書いてきました。太陽電磁波の防御の意味でも、鉄筋コンクリート構造はマシです。

2. 大津波の場合、自動車に乗ったままでは危険だということです。

車は走る場所が限定されますし、津波は自動車以上に速かったです。車を降りて、高い場所を目指しましょう。

出張中も夜の空いた時間には、できるだけ気づいたことはブログに書こうと思います。これからは気温の温度差が出る期間が続きますから、日本全国で地震への警戒をしましょう。

生かして頂いて　ありがとう御座位ます

[このような時に、3月15日〜17日まで出張に成りました　二〇一一年三月十四日]

5 消えて逝《い》かれた人々の行き先（出張中ですが 1）

今日（二〇一一年三月十六日）移動中にカーラジオで聞きました報道では、若い女性保育士さんたちが避難した体育館の高みにあるスペースへと一人ひとりが数人の幼児を抱えて逃げ登った様子を語っておられました。

目の前で多くの幼児と老人たちが恐怖に怯《おび》えた表情のまま、侵入して来た津波に巻き込まれて消えて行ったそうです。幼児も老人も、「助けて～」と手を伸ばしたまま濁流に消えたとのことです。

その様子を語る保育士さんは泣き崩れ、心に相当なダメージを受けているのは明らかでした。

私は、この内容を心で反芻《はんすう》（繰り返すこと）しながら、手を伸ばしたまま消えて逝《い》かれた人々の行き先を思いました。

心に浮かんだ光景は、まるで回転ドアがクルリと入れ替わるように、安心した世界へそのまま生まれ落ちる光景でした。

つまり、生き物とは、自分が「生きようとしている」状態で死にますと、マジックのように存在する次元が変わり、絶対安心の世界へ行くのです。

自分から死のうとして死にますと、この世界には行けないようです。

コノ世は、自分自身が「どこまでやれるか？」を、全員がそれぞれの立場で試しに来ているのです。自分の良心（＝内在神）に反している間は、物事がつまらなくなるし、悩むようになる方向に自ら動くことでしょう。

生きる長さの長短ではなく、良心に基づいて「生きよう」とする姿勢が一番大切なことだと感じます。

福島方面から南下した大きな地磁気の流れは、なぜか東京湾を素通りして、東海地域に降りて来ました。これと九州方面から北上してきた地磁気の流れが、日本列島を分断するフォッサマグナ地帯で合流しようとする状態が、今の状況の感じです。

この三つ巴《どもえ》の衝突の後、再び東京湾に向かうのが今の時点で感じる様相です。

これらの節目が、三月・六月・九月にあり、三六九（ミロク）の世界へと社会の志向が「良心を意識する方向」に、嫌でも向かされる感じがします。

一人でも多くが早く自分の良心に基づいた生活を実践することで、大難は小難へと自然界からの刺激が緩和されるでしょう。

要は自分ができることを良心に基づいて懸命にすれば、最後のオチはどんな形でも大丈夫なのです。

これからは寒暖の気温差が出る期間が続きますから、日本全国で地震への警戒をしましょう。

（今後の注意）

富士山については、油断できない状態です。地下溶岩のライン、太平洋―伊豆半島―御《ご》殿場《てんば》が注意点。もしも御殿場の近辺で火口が開けば、真鶴《まなづる》まで溶岩は行きます。これは黙示録です。

このタイミングは、九州の霧島からの地下ラインが紀伊水道（現在到達。関西国際空港の周辺の海底が揺れだせば要注意）をくぐり、伊勢の地下を通過して富士山の麓《ふもと》の御殿場で合流した時です。

これを止める神事を連日しています。何とか霧散するようにします。大丈夫となります。

以上は、二〇一一年二月二十三日に、私がコメント欄でした予告発言です。

今、伊豆半島方面からの地下溶岩の移動を感じています。昨日は可能な限りの地下の地磁気放電により、今のところは安定していますが、今後の監視が重要です。

今後は、御殿場近隣の井戸水や湖の温度と水位の監視をしましょう。

生かして頂いて　ありがとう御座位ます

［出張中ですが　２　二〇一一年三月十六日］

6 伊勢神宮参拝（出張中ですが 2）

せっかく東海地方へ来たならば出張の期間中に、とにかく伊勢神宮へ参拝したいと思いました。仕事の合間を見て、神宮において国家安泰の気持ちを奉納したく思い、車を走らせました。

途中でガス欠に気づき、高速道路の給油所に寄りますと、すでにガソリンの二十リットル制限がされていました。今後は全国的に制限されますから、自動車で遠出される人は注意してください。

外宮《げくう》に到着しますと、いつにないほどの神様の気が立ち昇っていました。畏れ多いですが、多くの人々を代表して私に国家安泰を奉納せよとの神意だと自己解釈をしました。

外宮の正殿への御垣内参拝《みかきうちさんぱい》を申し出まして、民間人としては最奥の内玉垣南御門《うちたまがきみなみごもん》の手前へと神官に誘導されて参拝しました。

立ち入り許可が必要な神域の中にある鳥居をくぐりますと、その先は半歩ごとに次元が変わるのを感じました。

短い参拝の間に、膨大な量のイメージと「お告げ」を感じ取りました。何から話せば良いのかを思案しますが、思いつくまま順次これから記事にしていこうと思います。

今回の外宮には、地球霊としての国常立太神《くにとこたちおおかみ》（国とその子どもである人類・生き物の親神）の神格が降臨していました。

一言、脳内に「神風」と示されました。神風が神意に沿って様々な意味で、これから吹くべき時に吹くことでしょう。ただ、まだこれから地球の変化（地球が病んだ箇所を自分で治す働き）としての大地と気温の動きがあります。

やはり人間側だけの視点ではなく、今までの生き物と大地に「してきた」ことの反射が淡々と返るようです。その中で、人間も神様の産物としての役目を考える時期が来たということです。

人の心に、神様などいないと「思わせる」世紀が長く継続した今、太古のように一人ひとりが神様を自分の心に預かっていることを自覚し、その上での行動をするべき時なのです。

自分の心に神様がいるならば、自分の良心に反することはできません。

テレビ報道で見ましたが、被災して家族を亡くして一人になられた老女の御顔は、ストレスと過労と不眠によるためか浮腫《むく》んでいました。お小水が出ないのでしょう。しかし老女はインタビューに対して、「部屋が寒くて不足はあるが、全国の皆様が心配してくださるのは有り難いです。これで十分です」とおっしゃっていました。その表情は、心底からの発言であることを静かに物語っていました。

これを見た時、外宮での神託の内容が腑《ふ》に落ちました。

現実界の一日は、昼間半分、夜が半分です。つまり、私たちが生きている人生とは、まだ昼間だけを生きる半分に過ぎないのです。

肉体を亡くした後の夜が、必ず全員にあるわけです。

だから、昼間だけを着目すれば、不条理や不公平、理不尽《りふじん》な悲劇はあります。これだけで、神様も先祖も不要でいないものだと思ってしまう人が多いのが、今の社会の現状です。しかし、見えない夜も含めた全体を人生だと考えますと、何の不公平も理不尽もないのです。

苦しい状況におられる老女は、その中でも感謝をされていました。この老女こそは、夜も含めた一日で見ますと、大災害の悲劇にも負けなかった、人生の真の勝者だと感じます。

近年の東北（日本の丑寅《うしとら》）は、辛い被災が続いています。素直な善人が多いがゆえに、物質文明の転換を人類を代表して示す役目をされている感じです。人類の明るい進化は、東北から始まるとも言えます。

悪いことばかりの後は、先がけて良いことが続くと確信しています。明けない夜は、ないのです。

外宮では、神馬《しんめ》が出迎えてくれました（口絵写真2参照）。優しい目で私の顔をじっと見つめる白馬は、「大丈夫だよ」とこの国を励ましていました。

共にがんばりましょう。

生かして頂いて　ありがとう御座位ます

［出張中ですが　3　二〇一一年三月十七日］

7 どんな苦難も良い経験に変えることが可能です

今回の日本の原発事故を分析した結果、ドイツはいち早く原子力発電の縮小を決定し、昨日はイスラエルが原発の建設中止を決定したとの報道がありました。

やはり知識と考えの深い国は、見る視点が違うなと思いました。今回の事故を見ますと、どんなに原発本体を安全に強化してもダメなのです。原発を冷却するための装置への電気が止まれば、原発全部がダメになることがハッキリとしたのです。電気の送電線が一本切れるだけで、原発の水素爆発に至ります。イスラエルが懸念したのは、これがテロ対策への盲点でもあることに気づいたのだと思います。

しかし、今の日本の生活に電気は必須です。

だから、今ある他の原発すべてには、地下に自家発電施設を予備にもう一つ造って欲しいのです。予備の発電機をトラックに積んでカバーするなどではダメです。今のうちに緊急の対策をしておけば大丈夫です。

ここで問題になるのは、今後の太陽黒点が多い日に発生する太陽フレアです。この影響により、今までに世界中で大停電が何回も発生しています。修復するまでに時間を要します。この間の原発の冷却が問題です。

太陽フレアには放射線であるX線やガンマ線が発生していますが、通常は地球磁気と大気圏により防御されています。しかし、オゾン層が縮小している今の地球の状態では、黒点が二百個を超え出しますと、様々な放射線が地球を貫通していきます。

太陽黒点の問題は、物理的な電磁波以上に、太陽霊光という今の人類にとって未知の問題があります。このブログが二〇〇七年に始まってからの最重要のテーマです。ブログの過去記事や書籍に多数記述され、その対策があります。

要は、今回の原発事故による放射線を異常に恐れて右往左往しなくても良いです。これ以上の影響が太陽から来ます。ただ、今の科学では、自然界からの放射線の種類は、ほんの一部の種類しか感知できていないのが現実です。もうすでに防御していた大気層の厚さが、昔とは違っているのです。

原発の事故が起こる前の平和な時でも、普段の関東圏で外気に長く触れながら長時間の日光に当たることのほうが良くないです。

東京でも放射能の問題は、今の時点ではないです。ただし、今後に注意しておくことがあります。

今回の原発周辺で人々が取るべき対策は、花粉症対策だと思えば良いと感じます。放射能・放射線と言いますから、日本人は恐れ慌てますが、花粉症対策だとイメージが変わります。

1. 外気をできるだけ避けること。外出する場合は、良いマスクが必須です。

2. 帰宅した時は、玄関にいきなり入らずに、布団叩き棒などで服を外ではらうこと。外に扇風機などがあれば良いですね。玄関先で、上着を脱いでから室内に入りましょう。

3. 自己免疫を高めることが大切です。
去年から私がしている健康法ですが、根昆布一個を常温の蒸留水か、浄水器を通した水に入れます（水道水の煮沸は有毒成分が凝集するので政府から注意の報道がありました）。これを一日に一リットル以上飲んで、小便をたくさん出します（私は一日に四リットル以上飲みます）。私が使用している根昆布の大きさは、親指一本ほどの大きさです。これを一日に一個使い続けます。子どもならば半分～三割分ほどです。最初に表面をサッと洗うだけで蒸留水に入れて三十分ほど経過すれば飲み始めます。根昆布のヨード成分は、他の昆布や海藻の数倍以上あります。ただ、甲状腺の問題がある御方は無理は不要です。医師の判断を聞きましょう。

4．豆乳や納豆を間食に摂ります。

5．春ウコンを粉末ならば一日に二～三グラムを参考にします。白湯に溶かして飲めば一番に成分が良く出やすいです。

以上が、今の私の肉体が欲しがる物です。成分を読んで調べて自己判断をしてください。医師に聞いて、医師の診断と指導を優先してください。

日本には原発が各地に多数あります。どこで大地震が発生しても影響を受けます。原発がある都道府県の地図を見た時、私は覚悟をしました。どこに逃げても同じです。

今のこの国難において、政治を批判したり、外国の陰謀を騒ぐ連中がいますが、これは良くないです。

人間は昼間という半分にしか「生きられない」のに、何を恐れる必要があろうか？

たとえ陰謀を企む連中がいても、放っておけば良いのです。


人間の平均寿命を知っていますか？

すべてが昼と夜で、帳尻が一厘まで必ず合わされます。

人が住む場所も縁です。すでに与えられた自分の環境の中で、有り難く生活することが一番の徳です（本当にお得にもなります）。


政府の指示に従って、明るく淡々と生きましょう。

今の日本が味わう経験が、未来の世界を助けることにつながります。

生かして頂いて　ありがとう御座位ます

［良い経験に変えることが可能です　二〇一一年三月十八日］

8 最近のアレコレ

過去の原発事故で被曝治療にあたった医師も、今の放射線量の程度ならば「花粉症と同様の対応を取ればいい」と発言されています。

花粉アレルギーとはすぐに反応するもので、レストランなどで後から来た人の服にスギ花粉が付着しているだけでも、鼻水が出始めます。

放射線の影響を即時に感知することは人間にはできませんが、花粉症のように考えてみれば、外気流入に対する警戒ができますね。

私は熊の出るような森林に囲まれた田舎に住んでいますが、今回の伊勢神宮参拝ではスギ花粉症の症状を感じました。私の住まいの周りには、松の木や広葉樹が多いようです。

伊勢神宮の御神木には、杉の木の巨木がとても多いです。房状の花粉が、鈴なりにぶら下がっていました。内宮の参道には、幹の直径が二メートルを超えるような巨木が何本も散見されます。

神宮の元関係者から聞いた話ですが、神宮で最大の巨木は実は意外な所にあるとのことでした。しかも夫婦で二本も並んで立っているとのことです。

この夫婦の巨木は、伊勢神宮の伊雑宮の正殿の裏に広がる禁足《きんそく》の森の中にあります。伊雑宮は海のサメにしても森に集まる鳥にしても、珍しい種がツガイで集まる聖地です。原始のイザナギ・イザナミの起源の反射が残存するからです。

私が初めて伊雑宮へバイクで行った三十年ほど前の若かりし頃は、禁足の森であっても今ほどの厳しい管理ではなかったと思います。今は保護のために厳格に管理されており、神官以外は立ち入りできません。

関係者が昔に撮影された巨木の写真を見たことがありますが、屋久島の老杉のような木肌をした超巨木でした。

今回は、伊雑宮の裏手の道路側から、森から飛び出た巨木の上部だけを撮影することができました。遠方から見える姿を地元では、巫女が舞う姿のようだと言う人もおられるようです（『伊勢白山道写真集　太陽と神々の聖域　伊勢篇』一一二ページ参照）。

昆布のヨード成分に関して、意味のない風評だとする意見をネットで見ました。大手の経済誌系のサイトには、昆布でヨード成分を摂るには、昆布が五十グラムも必要だから無理だと書いていました。まったく無知な意見を大手が書くものです。根昆布と昆布の違いも知らないで、これこそ風評被害を起こすと思いました。根昆布のヨード成分は、普通の昆布よりも一桁《ひとけた》もヨード成分が多いのです。

甲状腺機能障害（橋本病）で検索すれば症例がありますが、根昆布はヨード成分が多いので医師にも注意されています。根昆布を毎日ダイエットで五個も食した人は、甲状腺の異常の症例なども報告されるほどです。

一日に白湯を一リットル以上と共に根昆布一個以内ならば、人体で調節される適度なヨード成分の摂取になると私の場合は感じます。

放射線対策での薬剤でのヨード摂取こそは、医師の指導下での難しいコントロールが必要です。ヨード成分は過剰摂取でも、甲状腺の機能低下を起こしてヨード不足を起こさせる物なのです。

個人での摂取には、食品経由が最善だと私は思います。でも、やはり主治医の意見を参後考にしてください。

前向きに生きて、コノ世は、自分なりに「生きようとする姿勢」が一番に大切です。後ろではなく前に倒れる限りは、心は永遠に明るく進むと感じます。がんばって生きて行きましょう。

ありがとう御座位ます　生かして頂いて

[最近のアレコレ　二〇一一年三月十九日]

9 次の行動が大切です

政府を始めとして、自衛隊・消防・特殊レスキュー隊などのたくさんの方々が、捨て身で原発の冷却に対応されています。

もう今からは、次の視点の準備と行動を始めるべき時だと感じます。原発の残骸を片づけるだけでも、多くの人命が危険にさらされます。長い期間がかかることでしょう。その間に吹く風は、関東圏にも流れ続けます。

これを防ぐには、福島原発から一番近いコンクリート工場において、長方形で中が空洞の大きな四角いコンクリートのブロック（両端が開いた四面体の筒箱です）を造り始めます。一個が家ほどの大きさでしょうか。大型ヘリで釣り上げる限界重量を計算して、できるだけ大きなコンクリート・ブロックを多数造ります。

これで原子炉がある建物の周囲を囲みます。ブロックを置く基礎工事は深くはできないので、簡単な仕組みを考えます。そしてコンクリート・ブロックを原発が隠れる高さまで積み上げます。

とにかく、爆発後の粉塵と放射性物質の飛散を防止する処置の行動を始めていかないと、原子炉の建物の解体にはとても年数がかかることを言いたいのです。その間中、野ざらしにすることだけは避けなければいけません。

空気の吸引による人体の「内部」被曝《ひばく》を避けることが必須です。外部からの放射線などは大したことはないのは報道の通りですが、人体内部に入れば別だと感じます。これには、前記のような対策が早く必要だと素人ながら感じます。

読者からのコメントに、
「亡くなった実家の父は放射線治療に携《たずさ》わっていましたが、そう言えば、いつも豆と昆布を側において晩に食べていました。八十歳近くまで、元気にしておりました」。戦後初期のレントゲン機器は、今よりも安全性が劣っていました。でも、普段の食事次第で大丈夫だったのです。他の医療関係者の話も聞いています。

だから、東北・関東の方でも空気への対策をして、食事を考慮している方は大丈夫です。

私が初めてお勧めしたサプリは、エビオスでした。いまだに勧めています。これが結果的に放射線対策への示唆を示すデータも今になって判明しています。論文を読んで、自己判断してください。

やはり神意の意味することは、その時は意味がわからなくても、とても深いものです。

自分ができる範囲の対策をして、何とかがんばって生きましょう。
前向きに倒れる限りは、絶対に大丈夫です。
ご先祖様と心の内在神は、いつも観ています。

生かして頂いて　ありがとう御座位ます

[次の行動が大切です　二〇一一年三月二十日]

10 日本に起こることには、必ず希望があります

私は以前から、サナギから蝶に変態するような進化が人類に起こると言ってきました。太古からの生き物の進化の流れを検証しても、不可解な突然の進化のジャンプ現象が生物には何回も起こって「きた」のです。これがもう起こらないと考えるほうが、無理があると思います。

このようなことを考えていましたら、今の放射能問題にしましても、自分ができる最善の避ける努力を尽くしていれば、後は「お任せ」「仕方がない」と思えてきたのでした。

遺伝子の進化と放射能の関係性が浮かぶのです。

考えてみますと、日本人ほど狭い地域で放射線を浴びている民族はいないと浮かんで来ました。人類史上で例がないことでしょう。

まずは、二回の原子爆弾の直撃です。当時は今ほどの放射性物質の拡散をリアルに監視できませんでしたが、日本中に放射能が拡散していたことでしょう。そして、戦後の太平洋のビキニ環礁で繰り返された大型の原子爆弾による核実験。

さらに今回の原発事故です。これまでにも、全国で小さな放射能漏れ事故が何回も起こっていたこともあります。

そして意外なのは、毎年のようにおこなわれる健康診断でのレントゲンです。日本は、健康保険制度と医療文化の進歩の御蔭により、年に一回はレントゲン撮影をしている人が多いです。

私が小学生の頃には、学校にレントゲン車が来て全員が肺の撮影をしていました。また今の私も毎年の健康診断で、レントゲン検診を受けています。これは海外では医療費が自己負担で高価なために特殊なことです。

知り合いの欧米人に聞けば良いですが、ＣＴスキャンやＭＲＩ検査などを受けたことがない人が大半のはずです。外国では受けるとしても、医療費が自己負担の国では非常に高価な検査であり、受けられる人は限定されます。

さらには、地球上にあるＣＴとＭＲＩ（一台数億円）の機械の約半分が日本に存在するという異常さです。台数ではアメリカ全土の約三倍、ドイツの約六倍の台数です。喜んで良いのか、危険なのか、判断が難しいことです。

とにかく日本人は、人類史上最大の被曝や強磁気を今も受け続けている民族なのです。もうここまで来ますと、これは神意だと私は感じます。

陰謀論がお好きな人は、大きな実験場にされているとか言いそうですが、そんな範疇《はんちゅう》ではすでにないです。

はたして、これが悪いことなのか？

放射線は有害と言いましても、いまだにガン治療の主軸です。日々、ガン細胞だけを狙い撃ちする技術が進歩しています。

また、広島・長崎の被爆者を見ましても、意外と長生きする人が多く、認知症の人が少ないと個人的に感じています。過去の証言を聞いていましても、過去の出来事の記憶が確かです。

さらには被爆者二世・三世の人々を追跡調査すれば、高学歴や社会での成功者が多い印象を個人的に思います。子どもの結婚の関係で、自身の被爆を隠しておられる人が多いので表には出にくい話ですが、頭の良い人が多いと感じています。

自ら望んで被曝しては絶対にいけませんが、この好きな国土で真面目に生活をしていて、自然と食す物や通勤の外気で被曝をするならば、これは国魂《くにたま》（国土の精霊）の神意だと私は思います。

ただし、条件があります。

二〇一二年一月十三日の記事（『宇宙万象第6巻』第一章「自分の心が菌種を決めています」参照）の中で登場する、宇宙科学と全学問を究めた大天才・南方熊楠《みなかたくまぐす》が示唆した内容を実践することが条件です。

1. 人間も人生も、自然界をも陰で支配するのは、粘菌《ねんきん》という善玉菌であること。菌には、心の思いが反射するということ。

体内で善玉菌を育てる最善の方法は、森を持つ神社に感謝を捧げることであると、熊楠は示唆しました。神社の森林保護の活動のために、昭和天皇に愛された熊楠が逮捕までされています。

腸内の善玉菌が、内部被曝した放射線の分解に大きな役目をすると感じます。

神社に行けなくても、普段の生活の中で「自分たちが生かされている感謝を思うこと」が、放射線の分解に影響すると真面目に思います。

2. 被曝しましても、遺伝子の自己修復力が存在することが知られています。
脳内で、遺伝子を修復するイメージを持つのが良いのですが、どうすれば良いのでしょうか？　これは、「感謝の先祖供養＝遺伝子への感謝」なのです。

これは間違いないです。これに反論する人がいれば、君はどこから生まれたのかを詰問《きつもん》します。


前記の二つと、被曝時には根昆布・大豆系食・ビタミン系食材・白湯の飲用を日常生活の中で意識すれば、大丈夫な感じがします。皆さんの参考にして頂ければ幸いです。

今回の原発事故も、人類への前向きな刺激として、明るく対応していきましょう。

必ずナントカなります。

生かして頂いて　ありがとう御座位ます

［日本に起こることには、必ず希望が在ります　二〇一一年三月二十一日］

11 今の些《さ》細《さい》が大事を分ける

たくさんの読者さんがいる御蔭で、私の元には様々な専門家からの情報が集まっています。アメリカの放射能専門家の博士からの情報も、日本の薬剤師の方を通じて知りました。ただ、難しいデータ数値や、普通の庶民が実行できない対策を聞いても意味がありません。子どものいる家庭の主婦が実行できなければ、役に立ちません。

しかし多くの専門家による放射線対策の中で、共通した内容がありました。これをまとめますと、

1．放射線とは、急激に体内を酸化させる作用が強いのです。強毒な体内酸化により、生物をガンなどの病気にします。

だから健康には、抗酸化作用の強い食材を摂ることが大切です。

日に数回、良い緑茶を飲むのも有効です。抹茶を蒸留水で割って飲むのも、私は好きです。

また、レモンなどの複数のビタミンを含む果実の百パーセントストレートのジュースを飲むのも有効です。豆乳にフルーツ・ジュースを入れて割りますと、子どもにも好評です。

関東では牛乳が不足しているのに、豆乳が売れていないという報道を見ましたが、本当は牛乳よりも豆乳を飲むべきです。こんな些細《ささい》なことが、人の人生に影響します。縁とは不思議なものです。

自分ができる範囲のことをしていきましょう。あくまでも、自己判断の参考にしてください。

2. 強い花粉症対策を意識した、空気への防御が重要です。今は、まだ大丈夫なレベルです。

外出する場合は、良いマスクが必須です。髪の毛を隠す帽子も大切です。そして、帰宅後は毎日の入浴と洗髪が大切です。ただしリンスとコンディショナーは控えます。空気の汚れが、リンスとコンディショナーのコーティング膜に吸収される可能性があるそうです。もし入浴できない場合は、洗髪だけでも意味があります。

放射線とは光線のようなイメージでしたが、今感じるのはスライム状の風が憑《つ》く感じがします。薄い緑色に発光するようなスライムのイメージです。

関東でも放射線量が上がりだしていますから、風向きには注意をしてください。子どもは屋内のジムや大型ショッピングモールなどで遊ばせましょう。帰宅後は入浴が最善です。

今の状況では、野菜や果物も野菜洗剤などで洗浄すれば、まったく問題はないです。報道では、野菜を三百キロ食べても問題ないレベルとのことです。ただ、安全な中でも、前記の対策を意識していきましょう。

いつかは必ず終わる人生ですが、その中でも懸命に生きようとする姿勢が大切です。いつかは消える人生の最中は、今の状況を味わうと言いますか、自分の良心（内在神）の思いを真剣に〝演じる〟ことが大切です。

自分自身と他人の両方をナントカ生かそうとする姿勢が、その人物を生かしてくれます。がんばって生きましょう。

生かして頂いて　ありがとう御座位ます

［今の些細（ささい）が大事を分ける　二〇一一年三月二十二日］

12 テレビからの風評被害

朝の情報番組を偶然に見ていましたら、解説者が「放射能対策で、昆布の摂取とヨードのうがい薬の飲用はデマです」と言っていました。

うがい薬を飲むのは、有害だと思います。しかし、昆布を簡単に否定していたのには驚きました。少し検索しただけでも、放射能事故の時に食品からの摂取によるヨード飽和状態に適切な物として、専門家が昆布を推奨している科学データがたくさん出てきます。

ヨード成分は、特に根昆布に関しては、他の乾燥昆布の数倍だというデータが示されています。根昆布であれば、産地は問いません。昆布の根っこ部分にヨード成分が多いのです。ただし、食品経由のヨード摂取は時間の経過が必要ですので、個人に応じた適量を日々摂ることが必要です。

昆布の摂取過多は、逆に甲状腺異常からのヨード不足状態になります。

- 根昆布ならば、一日に大人で根昆布半分ほど、子どもでは三分の一以下を、根昆布水にして水分と共に摂るのが安全だと考えます。

- 味噌汁も日に一回ならば、根昆布のダシ汁を使うと良い感じです。
- ヨードの過剰分は、大豆類（豆腐・味噌・納豆など）や蒸留水などの摂取で緩和されます。

以上は、あくまでも医師に確認をした上で自己責任で自己判断しましょう。女性で甲状腺への懸念がある御方は、昆布を摂ることは医師の指示を受けることが必須です。

テレビで解説者が「昆布は意味がない」と発言したことにより、今の東北・関東圏の人々が昆布類を避けるのは、どうなのでしょうか？

すべては自己判断ですが、テレビで発言するならば配慮が必要だと思います。どんなレベルの解説者を採用するのかで、そのテレビ局の姿勢がわかります。

皆さんも自分で検索すれば、どちらが正しいのかは明らかです。

関東圏や東海・南海の地震も過剰に恐れずに、地震への対策を自分なりに意識することで、被害は半減すると私は思います。

今回の多くの津波の被害者は、「まさか」「ここまでは来ない」という思いが、一番に危険だったと思います。結局は、個人が得る情報の縁により、自己判断するしかありません。

何となく自分の最善の動きをする、良い「縁」を得るには、自分の遺伝子（先祖）を信じて感謝することが大切だと私は感じます。

自分の手で淡々と感謝の先祖供養をしながら、今の状況を冷静に観察していきましょう。

生かして頂いて　ありがとう御座位ます

[テレビからの風評被害　二〇一一年三月二十三日]

13 水道対策のヒント

このブログでは、去年（二〇一〇年）の五月から「とにかく日本では蒸留水の準備をしなさい」という啓示により、健康ネタの記事を書いてきました。ただ当時は、輸入の蒸留水器は上位機種で約十万円もしていたのです。非常に高価でした。

私が何回も記事で蒸留水を取り上げるうちに、熱心な読者お二人の尽力により世界でも最高性能の台湾の蒸留水器が二万円台で入手できるようになりました。

日本の電気メーカーは、特許の関係で蒸留水器の製造ができないとのことでした。

問題は、放射性物質による水道水汚染です。

ここで、原子力発電所における放射性物質に強く汚染された冷却水の処理方法について調べてみました。

するとなんと、蒸留工程を経て蒸留水と、放射性物質の濃縮液に分離して処理していることがわかりました。抽出した蒸留水は、放射性物質の濃度（決してゼロではないです）を確認してから、海に放出して自然界に返しています。

つまり蒸留では、放射性物質の沸点（放射性ヨウ素の沸点は一八四・二五度、セシウムの沸点は六四一度）が水の沸点（一〇〇度）よりも高いので、水分を蒸発させる蒸留過程により水だけを分離抽出させることが可能なのです。

蒸留水を家庭で作る際には、

• 蒸留水器をタイマーにより早めに約五時間で自動停止させて水分を少し残すことにより、蒸留水と残留濃縮液に分離させることができます。
• 底に残った水分は、そのまま流しに廃棄します。
• そして金属以外のタワシで内部を軽くこすり、水ですすぎます。この時、蒸留水器の電源に水をかけないように注意です。後でショートしますので、濡れていないかを確認しましょう。

台湾メーカーの情報によりますと、台湾の放射能学者の見解では、蒸留水器は非常に「有効」との回答です。ただし、コップや空気による「環境による二次被曝」により完全な除染ではないですが、基準値にほぼ近づくとの見解です。放射性物質の完全な除去はできませんが、自己判断して参考にしてください。

逆浸透膜方式の浄水器で濾過した水を蒸留すれば、理想に近づくとは思います。ただ、逆浸透膜方式の浄水器の内部は、放射性物質が蓄積していく想定が大切です。初期のフィルターは基準値を満たしても、一ヶ月も経過した後の放射線量を測定してチェックをすることが大切に感じます。

そして、ヤカンの煮沸だけでは、ヤカンに水が存在しますので放射性物質の分離はされません。ただ、殺菌の意味はありますので、さっと煮沸するのは良いでしょう。長時間の煮沸は、逆に放射性物質が濃縮される可能性がありますので注意です。

蒸留水器がない人のために、水道水を煮沸した湯気の水滴をフタの裏側から集める工夫を考えましょう。鍋のフタの形状を工夫することで、集めることができる感じがします。皆さんの知恵を集めましょう。

これが完全だとか安全だとかは、決して言い切れません。

しかし、今の状況では最善だと思えることは努力したいものです。政府は早めに安全な情報を開示されているようなので、今の状況を静観していきましょう。

「郷に入《い》れば、郷に従え」と言いますように、与えられた環境の中で、自分ができる最善を尽くすのが人生だと思います。

がんばって生きましょう。

生かして頂いて　ありがとう御座位ます

［水道対策のヒント　二〇一一年三月二十四日］

14 防災意識で大丈夫です

報道によりますと、津波の到来を告げる防災無線の放送を、死の直前まで続けた女性がいたそうです。

町役場の危機管理課に勤務する、秋に結婚式を予定していた二十四歳の女性でした。多くのニュースの報道で流れた津波映像の中に、防災無線で避難を呼びかける冷静な女性の声が町中に鳴り響いているのを見た視聴者は多いと思います。

余りにも冷静な声なので、録音による音声だと思われた人もいるかも知れませんが、それは彼女の生《なま》の声でした。

彼女がいた、近年に建てられた三階建ての防災対策庁舎は、鉄骨の骨組みだけを残して中が空洞になっていました。その町では今回の津波は、市街地でも十メートルを優に超える高さを維持していました。

助かった高齢の女性の話によりますと、彼女の声が三メートルの津波を告げている時は、家の中で静観していたそうです。それが六メートルになり、十メートルの津波を懸命に告げる彼女の声を聞いた時、これはいかんと裏山に駆け登ったとのことです。それから五分後には、家は流されていたのです。

高齢の女性が逃げる時に、隣に住む漁師の男性に「津波が来るから逃げないかん」と言いましたが、泳ぎに自信がある男性は「わしは大丈夫や」と言いながら、玄関先で海の方向を見ていたそうです。その男性は、今も行方不明です。

謙虚な防災意識を持っていれば、男性も助かったことでしょう。高齢の女性は、防災無線の女性に「命を助けて頂いた」と言っていました。

今回の津波の高さは、最大二十八メートルに達したとのことです。何もかもが予想を超えていました。まさか！は起こり得るのです。

普段から、近隣の海抜二十メートル地図を意識して行動する人は、まさかの時も方向を迷いません。

子どもは行政からの支給で、通学にはライフジャケットの着用が必要な時期だと思います。これは水だけではなく、様々な衝撃からも胴体を守ります。

私は、これから室内でも休日の事務作業は、冬場は下半身だけ寝袋を使用して、暖房費を節約しようと思います。自動車で遠出をする場合も、寝袋を車に常備すれば便利です。冬でもエンジンを止めて熟睡できます。

各人がこれから真剣に、自分ができる範囲での防災準備をしていくべきだと感じます。

地球は、大陸移動の「初期の」活動期に入ったと私は感じます。

今回の大地震では、地球の地軸のズレと、日本列島の数十センチの移動が確認されています。これから二年間は震度五クラス以上の地震が、地球のどこでも発生しやすいと思います。

日本は多くの大陸プレートの接点であり、地球の「ヘソ」だと感じます。だから日本に起こることは、これから世界に転写していきます。

今回は北米プレートで地震が発生していますから、これから北米でも地震への注意が必要です。

どこに住んでいても災害リスクは同じです。今の自分の生活の中で、防災意識を持てば大丈夫です。下手に動けば様々なリスクが、逆に増します。今の状態も、今までの縁ゆえのことです。その中で、自分が改善できることを意識することが最善だと思います。

ただし、関東の都会において現在は失業中の賃貸住まいの人で、他県に実家がある人は、都会に固執する必要もありません。

縁者のいる田舎で仕事探しも良いです。感謝の先祖供養をしながら、臨機応変に動きましょう。必ず先祖による偶然という縁により導かれます。

良い縁を持つには、やはり自分の遺伝子（先祖）を信じて感謝の先祖供養をすることです。これは未来の科学です。

自分の今の生活を守りながら、がんばりましょう。

生かして頂いて　ありがとう御座位ます

［防災意識で大丈夫です　二〇一一年三月二十六日］

15 今さら慌ててもね〜

放射能汚染の問題を皆さん心配されていますが、戦後の六十五年間に地上と海上で実験された核実験の件数を考えますと、今さら慌てるのも不思議な気がします。すでに人類は、地球上の放射能汚染の中で六十年以上も生きてきた現実があります。

核実験の国別の詳細を見ますと、様々な国が何百回と大気圏内で核実験をしてきました。原発どころか、故意に核爆発をさせて放射性物質を飛散させてきたのです。数十万人が核実験の影響で死んでいるという説もあります。知っていましたか？

その放射性物質が黄砂と共に、日本列島全体に数十年前からすでに来ていたのです。最近でも韓国が、福島原発とは関係のない強い放射能汚染が黄砂から来ていると発表をしています。

今回の福島第一原発事故の放射性物質の飛散のシミュレーションをした外国サイトを見ますと、ほとんど放射能レベルを維持したまま地球を一周しています。最初にアメリカに向かって、地球を一周し、日本海側に戻って来ています。

そして今、春の黄砂の季節が始まっています。

昨日は岡山でも、空気中に微量の放射性物質が感知されていますが、これは例年の黄砂の影響も有り得るわけです。ちょうど今は、全国で神経質に放射線量チェックがされていますので、従来では見過ごされていた放射線量も検知されていると思われます。

今はちょうど花粉症の季節でもあります。

スサノオ神が太古に日本列島に植林した杉やヒノキが、花粉を大量に出しています。これも「今の時代のため」の神意だと私は感じます。

つまり、日本人は懸命に花粉症対策をすれば良いのです。目のカバーやマスクなどの、様々な花粉症対策をしていれば良いです。

そしてこれまでの核実験もあるわけですから、今さら無用に恐れずに、自分や縁ある人々が「生かされている」感謝を思う感謝想起が一番に重要だと感じます。

人間の心こそが、究極の原子炉かも知れません。

地球創世期から起こった、自然界の多くの大激変を今まで生き延びた自分の遺伝子（先祖）を信じましょう。
必ず今の状況にも順応して、淡々と生きつないでいくことでしょう。恐れる時間は、短い人生には損です。

感謝の気持ちの放射は、放射能の汚染にも絶対に負けません。
放射能の心配は、この言葉で消していきましょう。

生かして頂いて　ありがとう御座位ます

［今さら慌ててもね～　二〇一一年三月二十六日］

16 放射線対策の意外な新しい視点

今回の原発事故に関するテレビ番組を見ていますと、興味深い学者の方がいます。学歴と論文の実績では、今テレビに出ている多くの解説者の中でも、最高の部類の方でしょう。

この方の解説には、他の解説者と違い難しい用語や数値データは一切なく、

1．自分の遺伝子（先祖たちの流れ）を信じてください。

2．あなたの遺伝子は、すでに完璧《かんぺき》な「お守り」なのです。

3．恐れずにニコニコしていれば大丈夫です。

と言われます。

これはただの根拠のない発言ではなく、彼の長年の研究テーマは、放射線と遺伝子（すべての根本です）の関係と、放射線による治療なのです。机上《きじょう》だけではなく、大学病院においても多くの患者さんの実例を研究されています。

学問を突き詰めますと、ムダが落ちて逆にシンプルな考えに行き着くのです。真摯《しんし》な秀才の言葉には、感謝の思いを私は感じ取りました。

この項の元記事の題名「放射能はニコニコしてる人には何にもできないけど、クヨクヨしてる人には悪さをする」は別の放射線学者の言葉ですが、霊的な憑依《ひょうい》（取り憑くこと）や、呪詛《じゅそ》（呪うこと）の原理と共通しています。

怖がる人ほど、怖い存在を自分で引きつけますし、動物根性の有料先生や悪徳教団に自分から近づきます。

「縁」を起動させるスイッチを押すのは、自分自身なのです。

自分の遺伝子に悪い影響をさせるスイッチを押すのは、自分だったのです。感謝することを意識する人には、感謝を「与える」霊的存在を自然と引き寄せます。自分の遺伝子を守る思いは、生かされていることへの感謝です。

考えてみますと、地球創世期の太古の地球の放射線量は、今の人間が発生させる放射線量などは問題にならないほど莫大だったようです。その中を生命は生き抜いて成長して「きた」のです。その情報が、私たちの遺伝子にすでに存在するわけです。だから純粋な心になるほど、太古の情報に遺伝子がアクセスできる感じがします。

今も東北で被害を受け続けている純朴な被災者は、絶対に大丈夫だと感じます。要は、原発の敷地内での一次被曝さえ避けることができれば大丈夫だと博士も言及されています。

講演会で義援金を集める有料先生やヒーラーがいますが、これこそ最悪な人間です。被災地の自治体への直接寄付を呼びかけるだけで良いのに、自らカネを集める滑稽《こっけい》には呆れます。これこそ誰にでもわかりやすい悪徳の証拠です。

今回の原発事故により、日本の森林や水源は、外国の買収から逆に守られるかも知れません。本当に日本が好きな人間だけが残るのも、興味深いです。

神意の愛情は限りなく深いものです。大きな視点で静観していきましょう。悪いことばかりでは、絶対にありません。

生かして頂いて　ありがとう御座位ます

［放射能はニコニコしてる人には何にもできないけど、クヨクヨしてる人には悪さをする　二〇一一年三月二十七日］

17 想定できれば無難になります

原発事故以外の記事を書こうと思いましても、脳内に降りて来るのは今朝も原発問題でした。それほど私たち、日本、地球にとって、今が大切な時なのでしょう。

早朝に知人から新聞記事のファックスが届いていました。地方の大手保守系新聞によりますと、三月十一日の震災発生三時間以内に「炉心溶解」を国の原子力安全・保安院は予測していたとのことです。

また、今朝のテレビでは、チェルノブイリ原発事故で放射線の被曝治療に現地で努力された医師が、隣国のポーランドでは、事故の三日目には国民の子どもの九割に対してヨード製剤の投薬を実施したと話されていました。予算のない社会主義国が、国家予算を投入して世界中から調達したとのことです。

その御蔭で投薬を受けた九割の子どもは健康被害を受けませんでしたが、残りの一割の子どもはいまだに甲状腺ガンの後遺症と投薬の継続を強《し》いられています。

事故の三日目ですから、まだ情報がなく被害実態や予測がわからないうちに、投薬の副作用を覚悟して実施を決定したポーランドの指導者は偉かったと思います。この早い判断が多くの国民を救いました。

日本では、これを個人が判断しなければいけないわけです。ここでの対策は、三月十一日以降の記事を熟読してください。

原発事故の当日に炉心溶解を予測した時点で、放射線の影響を一番に受ける東北・関東圏の子どもたち（国と子たち神）にヨード製剤を配布して欲しかったです。初期の投薬でなければ意味がありません。

さらには、ヨードの多い乾燥昆布（根昆布はヨード製剤にも近いヨード量）を否定するようなマスコミもいました。偶然という真逆（魔逆）の行為が日本を支配しています。

原発にだけ意識が集中していますが、将来の国を支える子どもたちと国民の健康を考えて欲しいです。この経験を、もしまさかの次の原発事故が発生した場合には、生かさなければダメです。

防災意識を持たないことが、事故につながります。

例えば、福井の高速増殖炉「もんじゅ」でも、大事故を想定した対策を今のうちにしなければいけません。福島原発についても、そんなことは「起こらない」という前提の安全基準だったと、原子力委員会の大学教授がテレビで明言しています。これが最悪なのです。

私の脳裏には、三月十一日から、「喪《も》ん呪《じゅ》」という言葉が浮かびます。

今のうちに、原子炉の建屋の内部か外部全部を埋め尽くす、鉛かスズなどの冷却をかねた金属で覆う設備と材料を世界中から調達したり、停電に備えた補助電源の充実化をしたほうが良いと、素人ながらに感じます。

まさかの最悪を想定した上で、実験でも稼働でもすれば良いのです。

とにかく廃炉を含めた、事前の対策を今のうちに真剣にして欲しいです。

「もんじゅ」の隣には、常神岬《つねがみみさき》という国常立太神《くにとこたちおおかみ》（鬼門の大神であり冥界の支配者でもある）と縁のある場所があります。これは意味深です。

とにかく他の原発とは違う革新的な「もんじゅ」に問題が発生すれば、世界に影響するのは必至です。

今の文明に影響します。

私たち庶民は、食材と空気への花粉症対策をしていきましょう。これが最善です。

防災を認識さえしていれば、必ず大難は小難へと改善できます。

ここで話が変わりますが、私の「美味しい味噌汁を飲もうかな～」レシピ。

中型鍋に蒸留水を張り、そこにさっと表面を洗浄した根昆布を二、三個（人数と好みで判断してね）を入れておきます。

半日以上そのまま置いてから、食事前に具を入れて味噌汁を作ります。トロミのあるダシの利いた味噌汁の完成です。

幼児には、冷めた味噌汁を食材と混ぜて食べさせるのも良いでしょう。

また、根昆布の粉や、市販の昆布茶は、料理の隠し味に便利です。味に深みが出ます。

パスタのソースや、とにかく汁物には混ぜることが可能です。入れる分量は食品ですから、自分の好みで判断してください。

日に数回の食事ですが、これらと大豆系の食材を意識すれば、ダイエットにも良いです。
自分の舌が適量を教えてくれます。

生かして頂いて　ありがとう御座位ます

[想定できれば無難に成ります　二〇一一年三月二十八日]

18 体験しなくても想像で改善できます

私が福島第一原発をコンクリートで囲い、プールにするように書いたのは三月二十日の記事でした。この時のキーワードは、大型ヘリコプターでした。

なぜかと言いますと、その時のニュースでは多くの関係者が懸命に現場で作業する姿が放送されていましたが、私の脳裏に映る光景にはすでに誰もいなかったのです。全員が撤退です。誰も近寄れないという光景でした。

この光景を観て思いついたのが、放射線への防御がされた大型ヘリコプターにより、上空からコンクリート枠を吊るして下ろす手段でした。

何兆円も投資した原発を温存する気持ちが強いほど、対策が後手に回ります。

これは、体験しなければ信用しないという、今のエビデンス主義（証拠主義・経験重視）の弊害《へいがい》です。医学においても、良い薬の認可が遅れている原因です。その間に、多くの患者が死んでいきます。

昨日の記事でポーランドにおいて、ヨード製剤を副作用覚悟で先行配布した指導者の話を書きましたが、これも指導者が最悪を想定〝できた〟から実行できたのです。

もし放射線の影響を何も受けないことが後でわかり、ヨード製剤の副作用問題が発生したとしても、それを受け入れる「覚悟」をしたのです。

この覚悟がない人間は、エビデンス主義という停滞期間（様子見の期間）を社会にもたらします。

これは最悪を生みます。


私は何度も過去記事やコメントにおいて、精神世界に有りがちな軽薄なプラス思考を否定してきました。

「悪いパターンも想定した上での、現状への感謝主義が大切」だと思っています。

今の生活さえも無くなると思え「れ」ば、自分の現状にも感謝すべきことが無数にあります。

いつかは全員が裸になって、アノ世に行くのですから。

例えば、良い夫だけれども気が合わないので離婚をしたい、という女性が多いです。こ

れなども、
・離婚後に自分が何で飯を食うのか？
・離婚後に自分が病気になったとしても生活ができるのか？
などまでを女性が想定できれば、安易な選択をしないものです。これだけでも本人と関係する御家族の運命が変わります。

現実に離婚後に住む場所が変わる体験をしただけで、後悔を始める女性は多いです。

自分一人で生活費を工面する苦労を経験しただけで、昔の自分を後悔する人もいます。

トレース（辿《たど》ること）するだけの運命などありませんし、未来は何も決まっていません。

未来は完全な白紙であり、「方向性」が存在するだけです。

自分自身が日々の命を運ぶ生活が、運命を形成していくのです。

神様は実在します。

ただし、生死を超えた存在です。

だから「コノ世」だけに注目すれば、今の世には不公平はあります。しかし、それは不公平ではなく、一厘《いちりん》まで辻つまが後で必ず合わされるのです。

神様は絶えずヒントを提供されています。過去記事には私たちの生活のヒントがあふれています。

だから安心して「自分ができる最善」を尽くしながら、今の生活を生きましょう。

生かして頂いて　ありがとう御座位ます

[体験しなくても想像で改善できます　二〇一一年三月二十九日]

19 非難よりも改善策の提示が大切です

テレビでは、チェルノブイリ原発事故での治療に参加した医師が、原発の事故現場から離れた近隣諸国でも、ヨード摂取をしなかった子どもに「五年後から」多発した甲状腺ガンの実態について話されていました。これは貴重な情報だと思います。

国民はヨード摂取については初耳であり、どうすれば良いのかわからない状態です。政府は、現場に近い地域にはヨード製剤を配布しています。

では関東の子どもには必要はないのかどうかは、少なくとも五年後以降の健康状態を見なければわからないのです。はたして、その結果待ちで良いのでしょうか？

少なくとも、有効と思える食事による対策を、政府指導でおこなうのが安全ではないのでしょうか？

世の中に公的なメッセージを発信するべき立場のマスコミで一番に卑怯で愚かな行為は、偏《かたよ》った報道に固執することや、改善策を提示せずに非難だけすることだと思います。

政治家も非難するだけならば誰にでも簡単にできます。非難をした上で、代替案や改善策を自分が提示することができるのかどうか？ が問題です。

私は、改善策のないことは言わないように心がけています。

今朝のテレビでは、放射線対策に無知な食品文化の研究家を引っ張りだして、昆布についての批判をしていたようです。

ヨードと根昆布の件については、これまでの記事でも説明しましたが、放射能の専門家と多くの医師がサイトで説明しています。これ以外にも、「昆布 甲状腺」などで検索しますと、乾燥昆布にヨードが多いための甲状腺への注意を多くの医師が書いています。

つまり、昆布がヨード製剤の「代用」とも成り得る証拠です。ヨード過多にならないための注意がされています。

ヨード製剤にも同じく、甲状腺への副作用が懸念されています。ただ放射能の専門家は、ヨード製剤よりも食品経由の摂取のほうが安全だという意見が多いです。個人に応じたヨードの適量摂取が大切です。

だから、政府やマスコミが国民のことを本当に考えるならば、食品経由の安全な摂取案を提示するのが最善です。五年後に後悔することにならないことを思います。

今の福島第一原発では、漏れ出た高濃度の汚染水のプールが大問題になっています。原発における汚染水は、大型の蒸留設備により安全な水に還元されて海に放出されてきました。以前から汚染水は、蒸留することで浄化されてきた実績があります。

だから、大型の船舶に大型の蒸留装置を積んで、福島第一原発に接近して遠方からホースを現場の汚染プールに引き込み吸引するのが良いと感じます。できた蒸留水は海へ放出し、濃縮された汚染廃棄物は、船内でドラム缶に密封するプラント工程が必要です。

今は国民全員で、非難よりも知恵を出し合う時期だと私は思います。必ずナントカできると確信しています。

生かして頂いて　ありがとう御座位ます

[非難よりも改善策の提示が大切です　二〇一一年三月三十日]

20 新しい未来のために

先日、建設業界で二百社以上の財務と労務のコンサルティングをされている方と仕事で会いました。

大震災の影響を受けて、全国の建設業界が今まさに危機に瀕《ひん》しているとのことでした。その理由は、

1. 建設資材が入らないために、工事が中断している。アルミサッシ数点だけが入らないために、次の工程に進めない。また、壁材の構造用合板が入手不能状態だそうです。
2. 工事の完成直前に、たった数点の部材不足のためにお客様に引き渡しができない。そのために集金ができない。しかし、下請業者への支払いの期日は毎月来る。
3. 部材不足で工事を中断しているが、社員への給与を工面しなければならない。
4. 新規受注の商談の大半が中止、または延期、様子見の状態に急変した。

建設業だけでも、全国でこのような影響を受けているとのことです。あと数ヶ月このよ

うな状態が継続しますと、中小の建設業者の連鎖倒産が始まるという懸念をされていました。

材料不足での倒産とは、今まで聞いたことがありませんでした。これこそ海外からの材料支援を受ければ、多くの日本人を助けることになるでしょう。

また、東京から出張して来た知人に聞いた話では、関東圏の飲食業は窮地に立たされているとのことです。

1．計画停電のために、材料の保管ができない。
2．保管在庫が少ない上に、入手できない食材が多い。
3．大手では、外国人の調理師や給仕さんの多くが帰国して、営業が難しい状態。
4．営業できない上に、残る社員の給与を工面しなければいけない。
5．大震災以降は、外食する人自体が激減している。

などなど、先が見えない大変な経営状態だとのことでした。夜の銀座も、通りが暗くて静かだそうです。

大震災の直前に、貿易黒字を死守するべきだという記事を書きましたが、日本の国難となる見えない経済危機が始まりつつあります。

要は、今までの経済体系を強制的に改善するような風が吹き始めているのです。これからは「生かして頂いて　ありがとう御座位ます」の精神を、日本人全体が感じるように進むことでしょう。これが本来の人類の在り方です。

もし、日本人が最初に新しい経済体系を創造することができれば、これが世界の善人を救うことになると神示は示します。

ボランティア大国の先駆けへとつながります。

今に言えますことは、窮地に立つ経営者は、淡々と「今の社会ルールに則《のっと》って」金の流れを静観し、自分ができる努力をしていくことが良いです。大震災で家族も家も失くされた方を思えば、まだまだ恵まれています。

経営が破綻しても大丈夫です。自分の良心と健康の維持だけに務めれば、後で必ず笑える日が来ます。

元々が絵に描いたお金です。そんな物よりも、自らの生命（内在神）を維持することが大切であることを、全員が認識させられる時が来ます。

やはり、日々の自分の遺伝子（先祖霊）を〝ほがらかに〟に維持することが大切です。

できる時は、感謝の先祖供養をすることが大切となります。これが自分と家族と子孫の遺伝子を正常に維持する秘訣です。


今回の大震災の影響で特に液状化が著しく発生した地域は、そこに金銭を投じてローンで再建することを見直して、自己責任で自己判断してください。

海抜二十メートル以上の地図を様々な意味で、私は参考にします。

生かして頂いて　ありがとう御座位ます

[新しい未来のために　二〇一一年三月三十一日]

21 備えあれば心配なし

スサノオが詠《よ》んだ日本最古の和歌とされるのが、
「八雲立つ 出雲八重垣 妻籠みに 八重垣作る その八重垣を」
(やくもたつ いずもやえがき つまごみに やえがきつくる そのやえがきを)

この歌は、スサノオがヤマタノオロチという「八つの頭を持つ大蛇」を退治した後に、その時に助けた生贄《いけにえ》の女性と共に住もうと決意して、宮柱《みやはしら》の太い家を造った時に詠んだ歌だとされています。

スサノオは、妻と生まれて来る子どもを守るために、家の周りに八重もの垣根を造りました。家が完成した時、天が祝福するように大空には八色の綺麗な雲が立ち上っていました。

この歌の神意は、もう一つ別にありました。

それは、大地震を起こす八体の地龍を封じ込める方法を、太古のスサノオは未来の子ども（人間のこと）たちのために残したのです。

先日の神示（一月二十八日記事）では、紀伊水道と鳴門海峡と富士山の関係が降ろされていますす（『宇宙万象第6巻』第一章「平時での感謝の気持ちが大切です」参照）。

この神意を知らされない、見せかけだけの過去の宗教家がもったいぶって集金の道具にしていたことを、その記事の数行は簡潔に開示しています。

この開示の後に発生した紀伊・和歌山付近の震度四の地震や、最近の鳴門海峡の巨大な渦《うず》の発生は、富士山への巨大地龍の動きを示唆しています。

考えてみますと、地球は生きていますから、地震が起こらないと考えるほうが無理あります。必ず地震が発生する前提でいることが、正常なのです。

問題はいつ発生するのか？　どう対策をすれば良いのか？

それは、スサノオが詠んだ歌にヒントと対策が「込め」られています。

八雲立つ時、つまり八色のような明るい雲が出始めた時は注意です。地下に帯電する地磁気が巨大になった時に、雲に地磁気が反射して虹のような色が付きます。そして地震発生のスイッチは、気温差が出た時です。雪が降るような低温の後に、急激に十五度以上も気温が上昇した時は、注意をしておけば良いです。

そして、地龍を鎮める対策は、妻や子ども、つまり縁のある弱い立場の人々を守ろうとする人間の磁気が、大地龍の地磁気を地上から打ち消す唯一の方法だとスサノオは歌で示しているのです。

地下の地磁気を、地上からの人間の愛情磁気で昇華できるという、トンデモないような未知の科学理論を示唆した歌なのです。今の科学者は、笑うことでしょう。でも、人間を発生させる神様の視点では、これは真実なのです。

逆に言えば、これは非常に恐ろしいことをスサノオは示しています。

つまり地上に住む人間が、弱い立場の人々への愛情を失った時は、覚悟をしておけということなのでした。

だから普段から、家族や縁のある人を守るために、様々な準備（これが八つ以上）をしていれば、大難は小難に済みます。要は、生活の必需品を想像して、普通に準備と対策をしていれば良いだけです。

そして、この言葉のような内容を普段に意識して思う習慣が、大難を小難にすると、私は思っています。それは、

生かして頂いて　ありがとう御座位ます

［備えあれば心配なし　二〇一一年三月七日］

第五章

伊勢白山道への質問〈Q&A〉

Q1

伊勢白山道さんは、いつどこで大震災が起こるかわかっていたのでしょうか？　わかっていても神様から公表を止められていたのでしょうか？　それも神意なのでしょうか？

私は震災当日深夜に更新されたブログ（本書第四章「地震と今後の対策1」二三〇ページ）を読み、事前に記事に書かれていた、「太平洋側を上から南下して来た地龍は現在、福島県あたりで停留しています。」「来年の春三月頃には、また節目が来るかも知れません。」

このような過去記事での警告の際にもっと注意しておけば良かったと後悔しました。こんなに酷い大災害になるなんて想像できませんでした。

これからはもっと注意深く記事を拝読させて頂きます。

A

これの裏話は、事前の恐怖心が肥大すると被害が倍化するからなのです。神示の告知は、「その時の」人間に最善の影響を与える範囲しか降ろされません。そこまで考慮されています。

それと、東日本大震災の少し前の出来事に、「地震が来るぞ！」とネットで書くことが風評被害になるという非難が社会にありました。そのためにブログ閉鎖を恐れて言うに言えない時期ともたまたま重なっていました。

ただ、記事を正座する気持ちで純真に読んで今まで「準備を実行していた人」には、これからそのことが色々と生きるのです。実際に放射能対策にしても、東日本大震災による原発の事故前から蒸留水や根昆布の摂取を実行していた読者たちは、今さら慌てなくても済んでいます。

もっと言えば、将来の太陽霊光（太陽フレア）への対処もすでに済んでいます。すべては過去記事を読めば書いてあります。しかし、震災が起きた後に言ってもどうしようもありませんね。これが縁というものです。

Q2

災害や火災などの緊急時の避難の際には貴重品と防災グッズのみを持って、先祖供養の依り代《よりしろ》（短冊や位牌）や神棚と納めた神札は家に置いたまま避難しても仕方がありませんよね？

なぜこんな質問をするかと言いますと、昔から非常時に位牌や神札をわざわざ取りに戻り、大事な命を失うという本末転倒《ほんまつてんとう》なこともあったと聞いたことがあるからです。

A

神札も、先祖の依り代も、持ち出しは不要です。そのままにして置き、後は流れに任せます。神棚の榊、水も、そのままで良いです。

やはり人命が一番に大事です。また買い直し、作り直しができるものに執着は不要です。

大昔の農家では、手作りで毎年に神棚を作り、それを年に一度の「どんど焼き」の行事の時に焼いていました。正月明けの一月中旬までに、手作りの神棚や去年の神札、松飾りや注連縄《しめなわ》などを、神社や地域の広場・畑などに持ち寄って燃やす（お焚《た》き上げをする）行事です。

これは、去年一年間お世話になった年神様を、正月飾りや、古い神札を燃やした煙と共に見送り、新しい神様をお迎えする合図としました。

つまり先祖供養以外の、神棚に関するものは、様々な霊的な垢《あか》も溜まりやすいために、それを処分して新しくしていくことは、決して悪いことではないのです。むしろ、「新しいこと」を呼ぶ縁起の良いことを意味します。

伊勢神宮でさえ、あの大きな価値のある御正殿を、たった二十年で建て替えています。

Q3

啓示と神示との違いを教えてください。

A

同じと考えても良いですが、アクセスする次元の違いです。啓示は身近な内在神である守護神からです。神示は、個性を残す精霊から地球霊まで様々な段階と次元の違いがあります。

神示を自称する人の九十九パーセントは動物形象からです。または古典からの引用の口真似《くちまね》です。特にナントカ神示など大げさな名前を付けるものは、タヌキ形象の憑依が多いです。人間をバカして遊んでいます。

つまり、〇〇神示や啓示だと自称しましても、それを言う人物の普段の所業と、その内容をよく見て慎重に判断しないとダメです。中には動物霊どころか、悪魔からの啓示のものを散見します。

もしその人物の顔を見ることができる場合は、目をよく観察してほしいです。

- まばたきが異常に多い。
- 目が頻繁《ひんぱん》に泳いでいる。

・取り憑かれたように話す時に、左右の目がクルクルと回るように見えることがある。もし、こういうサインがあれば、その人物が話す内容によく注意をすることを参考にしてください。

え？　私も似たようなことをしていると？（笑）。それは、普段の私が書く記事の内容や、コメント対応の様々な態度を見て自己判断をしてください。

私は、「わかる人にはわかる」という自信がありますので、それで判断して頂いてOKです。

Q4

伊勢白山道さんがブログで読者に災害への注意喚起をして、その後に「調伏《ちょうぶく》が起こっている」と書く時は、地震や噴火が鎮まりつつあるということでしょうか？

A

記事に書けば、地震の気配は収まります。もう精神の世紀に入っているからでしょう。逆に言えば、多数が注目する内容とは、いかに大事かと今後は言えます。

これが量子力学の実験からも言えます。量子力学とは、多数が一つの現象を気にすることで、粒子の動きが変わり、検査結果のデータが変わる物理現象のことです。

さらに量子力学の最新の情報では、

- 人間が光子の動きの結果を確認した時に、先の過去に通過した光子の形態が変更されている可能性があること。
- 人間が後から確認したことによって、光子の過去の動きが修正される。

つまり、人間が注目することにより未来の結果が変わるだけではなくて、済んだ過去のデータも、確認によって変わる。すなわち量子力学では、過去も修正される可能性が、二〇一二年くらいから検証されており、いまだに結論が出てないそうです。過去への修正が、現代科学で十年経過しても否定されないだけでも、凄いことだと感じます。

私たちが注目することにより未来が変わるだけではなくて、過去もそれに合わせて変わる可能性が極小の世界では発生するかも知れません。

もし心配なことがあれば、注視と注意をして改善をしていきましょう。

Q5

数人でカラオケに行ったところ、曲の合間にいきなり女性が大笑いしているような声がスピーカーからはっきり聞こえました
混線でもしたかと思い店の人に聞いたら、それはないだろうとのこと。これはいったい何だったのでしょうか？　その場にいた誰かに関わることでしょうか？

A

その場所の浮遊霊です。とくにカラオケルームでの奇異は多いです。密室空間、暗さ、音の波動、スピーカーという機器が持つ性質の条件が重なりますと、生前の遊びを継続したい浮遊霊が集まって来て奇異な現象を起こし、カメラにも自己主張をしたい霊が写ることがあります。

特にこれからの時代は、水瓶座の時代の影響を受けて、霊現象や憑依は増加します。この憑依現象も、「似た者同士が集まる法則」に基づきますので、悪人には悪霊が依り、善人には善なる霊的存在が依るという、自業自得がハッキリと現れやすい時代にこれから入っていきます。

Q6

怖いもの見たさで心霊現象の動画をつい見てしまいます。見た中で、思い出すだけで寒気がするものがあります。そういうものを見てしまった時は、どうしたら良いでしょうか？

A

不干渉で、その件のことを話さなければ問題はないです。気にしないこと。

心霊動画の危険性は、その動画をUPしている人々自身が気づいていない「非常に危険な霊」を知らずにUPしていることです。中には動画を見た人の家にも来るものが、一部にあります。

私が見た中で知ったのは、海に面した有名な岬の公園に出る霊を映した動画です。これは十年以上も前にも、心霊写真としてテレビでも放送された同じ場所に出る女性の霊でした。昔の心霊写真の時と同じような顔で、近年の動画でも立体で撮影されたことに驚きました。コノ世への執着心の強さから、妖怪化していました。

これは動画を見た人の家にも来るレベルの存在でした。真夜中にその女性の叫び声を聞くかも知れません。もし声を聞けば、縁起が悪いです。

安易に心霊動画を見ることは注意を参考にしてください。

Q7

霊能者と深く関わっていた知人が突然亡くなり、それ以来、怖い顔をした知人が頭に浮かんで離れなくなってしまいました。
先祖供養の三本目で感謝を捧げているうちに浮かばなくなっていましたが、昨夜は電話がかかってくる夢を見ました。夢の中の知人は「ねえ、聞いてくれる?」と言ったきり黙ったままでした。夢で電話をかけてきたのは、何か伝えたいことがあったのでしょうか?

A

やはり、悪徳な有料霊能者を手伝う行為をしていたために、地獄に送致されています。今は地獄にいます。家族の誰も供養をしないので、あなたに頼っています。

多くの困る人々の悩みを解決するとして、その困っている弱者たちからさらに金銭を得る行為は、アノ世では重罪です。

その内容が重い場合は、関係者も寿命を削られます。せめて本人の寿命を縮めることで、さらなる霊的罪を犯すことを止めたいという先祖霊の思いも反映しています。

あなたは、このまま依り代(短冊や位牌のこと)による「先祖のため」の感謝の三本供養をしていけば良いです。三本目の線香で知人の成仏を思うことを参考にしてください。

淡々と、先祖のための供養をすることが、あなたへの悪影響を防止して、知人の霊にもサポートとなります。

Q8

旅先の神社の御宮の前で撮った夫婦の写真に、私たちを怖い顔で見ているような何かが写っていました。それは、動物のようにも人のようにも見えました。写真はすぐに削除しましたが、いったい何だったのでしょうか？ 写真を撮ってはいけない場所だったのでしょうか？

A

その場所の眷属《けんぞく》ですから、思い出せば感謝をすれば問題は無いです。人が思う以上に、特に古い神社には異形の存在が眷属神として見張っており、不敬に対しては厳しい面もあります。

特に御宮の前での写真は撮らないほうが良いです。神域の御神木《ごしんぼく》に触るのも良いことはないです。バチが当たることがあります。

「写真ぐらい良いのに！」と思われるかも知れませんが、問題は、その行為に、神様への畏敬の気持ちがあったのか？ これが眷属神に観察されています。

例えば、偉い人物がいれば、その前に躍り出てピースサインをしながら写真を撮るでしょうか？　それをするのは、その人物を軽視していると言えるでしょう。

過去の読者のコメント投稿で、神域にいる霊的存在から、「写真を撮る」とは「盗る」と同じだとの注意を、お子さんが脳内で聞いたという例も過去にあります。

やはり、これは言えることだと感じますので、神域では軽々に撮影しないほうが自分のためになります。

Q9　一度、人生を仕切り直したいと思っています。どこの神社を参拝すれば良いでしょうか？

A

参拝だけでは人生は変わりません。

自分の生活努力と、先祖のための供養が継続できれば、様々なことが変わっていく可能性はあります。でも、自分が変わるために、自分のことのために、先祖供養する限りは変わりません。

神様には感謝を捧げることだけをしていることが、自分自身を変える可能性はあります。この場合も、参拝をする前に、自分の希望へ向かって真剣な努力をしているか否《いな》かを、参拝時に神様に見られます。その自分の姿を神様に見せた上で、それでも生かされていることへの感謝を神様に納めることで、自分の何かが変わっていく可能性があります。

つまり参拝時には、神様に普段の自分がしていることを見せて納めることに、誰もがなっているのです。

自分は参拝時に、神様にいったい普段の自分の何を見せて納めているのか？　これを考えれば、自分の参拝で願いが叶わないのは当然だと思えた人は、まだ神様に縁があると思って良いです。

どこの神社を参拝すれば良いかではなく、参拝に行く前の、普段の自分の生活が大切だと気づいて頂ければ幸いです。

Q10

必ずではないのですが、神社を参拝する時に頭に色々と雑念が浮かびます。できるだけあっさりと感謝の形を置くように心がけていますが、参拝時に雑念が頭に浮かぶのは神様に失礼でしょうか？　雑念が浮かばないようにするにはどうしたら良いでしょうか？

それで問題はないです。雑念を持ちながらでも、「生かして頂いて ありがとう御座位ます」と感謝の言葉を小声で置いてくれれば良いです。

声に出さずに脳内だけでも良いです。

「参拝時に雑念が浮かぶ」、これは神様の神気に照らされて、祓うべきものを浮霊《ふれい》させるという神様からの御祓《おはら》いを受けている証拠です。

参拝時に悪い内容の雑念が浮かんだ場合は、それを神様が祓おうとされるサインだと思って良いです。神気による炙《あぶ》り出し効果です。

浄化が進めば、そういう雑念は減っていきます。

Q11

「後悔」というものは、自分がするべきことをしていなかった時にすることが多いと思います。それは内在神（良心）が後悔しているのでしょうか？

A

自分の良心が痛んで後悔する内容の時は、内在神からの思いです。

そうではなくて、自分の欲心からの目的が達せられなくて後悔する場合は、自分の自我の後悔です。良心が痛むという内在神からの後悔か、自分の自我の後悔か、これの頻度の違いが個人の人生を分けていきます。

悪人ならば、良心からの後悔はなくて、自我の後悔ばかりとなります。そういう人は、後悔をしても正しい意味での反省が無い人とも言えます。やはり死後の行き先に影響します。

少しでも自分の自我（我良《われよ》し）を昇華させるのが人生の目的です。できれば、良心からの後悔と反省ができる人間でありたいものです。

Q12

本書第二章「成功する人は悩みません」（八三ページ）の中で、

「あまりにも酷い行動を自分がしていますと、自分の脳が他の宇宙（＝他人）の代わりに復讐《ふくしゅう》をするかも知れませんよ。これが自分の良心＝内在神の一面でもあります。」

という文章を読みました。この時、「憎悪」「怒り」という感情は、自分の内在神に存在しますか？

A

内在神には、そういう感情はまったく無いです。すべては慈悲心からです。もし自分の因果になるような悪い点が自身にあれば、コノ世にいる間にその報いの悪い反射を受けるほうが、自分のためになるからです。アノ世では、コノ世の罪は十倍に跳ね上がるからです。アノ世では肉体が無い分、悪い反射のリアルな苦痛も十倍になります。

コノ世での不幸にも、そのすべてに意味があり、ただの不幸や不運で起こることは一切ありません。すべては、自分のために善も悪も「起こってくれる」のが真相です。

Q13

本書第三章「ほぐす気持ちが大切です」（二一九ページ）の中で、

「人間の心境が改善する時は、一瞬で変わります。まさに、何かが落ちるように突然に変わって『いる』のです。」

とありました。これは、逆も真ですか。つまり人が悪くなるのも何かが憑《つ》いて一瞬なのでしょうか？　それとも徐々に、変わっていくのでしょうか。

A

悪い憑依《ひょうい》の場合は、それに抵抗する先祖の干渉や、自分の本心が、最初は抵抗して綱引き状態の期間があります。でもそれも段々と憑依が深まれば、正気に戻ることがなくなっていきます。

心境が改善する時は、ひらめくように一瞬で腑《ふ》に落ちる感じになります。まるで目が覚めるようにです。

自分の普段の行動や、好み、感じている思考の内容を、自分で自分自身を観察する姿勢でいることが、悪い憑依を初期に祓うことになります。

自己観察とは、皆様が思う以上に浄霊であり、有効な自分へのお祓いだと思って良いです。

Q14

私は重い病気です。悪化すれば臓器移植も考えなくてはならないと医者から言われています。

心臓移植を受けた人が提供者の影響を受けて嗜好や性格が変わり、提供者の人生をトレースするように自死をしたという話（本書第一章「心臓が記憶する死者」三六ページ）を読んで、不安になりました。

もし移植を受ければ、自分が自分ではなくなるのでしょうか？
そもそも、臓器移植を受けるべきではないのでしょうか？

A

どんな人生を送った人の臓器移植を受けても、だからこそ、依り代《よしろ》（短冊や位牌）による「先祖のため」の感謝の三本供養をしていけば問題は無いです。

供養行為ができなくても、提供してくれた故人に対して、感謝の気持ちを送ることで大丈夫です。

もし自殺や苦しい思いで亡くなった人の臓器であっても、提供を受けた人が故人へ感謝する気持ちを忘れずに、そして成仏を思ってあげることで、故人の過去の苦しい思いの磁気を昇華して、臓器を使用する人への悪い影響を無くすことが可能です。

故人の臓器からの影響を受けるケースは、

- 提供者への感謝の気持ちが、まったく無い人。
- 提供してくれた故人の思いの影響を受けることを知らないか、信じない人。
- 提供者の存在を、まったく忘れてしまう人。

こういう人は、注意になると思います。

Q15

高齢の方から、もう使わないから使って欲しいと言われて、宝石の付いたアクセサリーを頂きました。大切にされていた物で有り難いのですが、宝石には持っていた人の思いや因縁が溜まっていそうで、身につけるのにためらいがあります。

このまま使っても大丈夫でしょうか？

A

この場合は、自分と相手との信頼関係の有無次第です。

例えば、親から頂いたものならば、自分が使い出してから気になることが生じたとしても、親の形見だから仕方がないと納得ができる面があると思います。また、自分が使用していくことで、自分なりの霊的磁気の色で品物は染まっていきます。違和感は消えていくものです。自分の霊的磁気で上書きができます。

でも、あまりよく知らない他人から頂いた物の場合は、いかがでしょうか。

相手の過去も、どんなことがあった御方か知らないし、その品物の本当の入手経路もわからないものです。そういう品物を頂いてから、もし何か違和感を覚えることがあれば、自分の霊的磁気で上書き修正ができるまで待てるのか？

自分では無理かも知れないと感じ、もし使い続けても違和感が消えない場合は、処分することも自己責任で自己判断しましょう。

処分方法は、もし古物商に売れれば、それで良いです。お金を得ても問題はありません。相手に感謝の気持ちを送れば大丈夫です。その古物を見て気に入って買う人は、後はその御方と品物との縁の問題だから、売り主には関係のないことです。

Q16 よく伊勢白山道さんは「アホウになれ」と言いますが、アホウになるとはどういうことですか？

A

他人との比較をしない。

自分の見栄と虚栄心を捨てることです。

アホウと思われても良いから、自分の良心（内在神）が欲することを優先します。自分の良心に生きることを「アホウになれ」と私は表現します。

ことわざでも、「損して得取れ」というものがあります。これは一時的には、むしろ損を覚悟しても、本当に正しいことを優先して取れば、長い目で見ればより良くなるという意味があります。ことわざの意味としては、目前の損失は度外視して、将来の利益を確保せよとも説明されますが、私はこれの真の意味は因果応報を説明した言葉だと感じます。

コノ世のことで何かに負けたとしても、霊的には負けた人が正しいことが多々あるのが今の世界です。

そういう場合の勝者とは、アノ世では大きな敗者と変わります。

アホウと思われても良いですから、自分の良心が望むことを優先して生きたいものです。

Q17

伊勢白山道さんはご両親を選んで生まれてこられたのですか？　また、みんながそうなのでしょうか？

A

その生まれる魂が、天界にいながら、過去生の努力で獲得した善徳貯金に応じて、それに見合う複数の夫婦を見せられます。これを紹介して見せてくれるのは内在神（産土神《うぶすながみ》）です。

その時に、生まれる魂が自分の好みで両親を選びます。天界から地上で生活する夫婦の生活をしばらく垣間《かいま》見て決めます。その選択を聞いた内在神は、その両親で生まれた場合の人生の予定を先に一生分も観てくれます。でも、生まれる魂にはその人生の予定の内容を教えません。

そして内在神は、その人生が魂の修行に成るか否《いな》かを最重視した視点で判断します。楽な生活をするだけでは魂の修行とならずに次の人生で苦労するために、あくまでも栄華よりも修行の視点から判断をします。これに内在神が納得した場合、その夫婦の元に魂をつなぎ降ろします。

だから、内在神と自分の魂の両方の選択の合意で、誰もが今の両親の元に生まれています。

問題は、その魂に過去生からの善徳貯金が少なければ、自分で両親を選べない場合もあることです。ほぼ強制的に、選びたくない両親の元に嫌でも生まれることになる魂もいます。しかし、そこで苦労したことは、すべてが過去生の因果への借金返しとしてムダなく生かされます。内在神は、心配しながら魂の苦労を陰から見守っています。

Q18

緩和ケア病棟で働いています。余命を宣告されている人にはどう声をかけて、どう接したら良いのでしょうか？

A

患者さんは死後も気持ちは生きていますから、今の自分の気持ちが伝わっていると思って、患者さんに向けて自分が思う内容が大切だと言えます。

あなたが、そのような思いやりから悩んでいたことも、患者さんは死後にわかります。決してムダではないのです。

少しでも楽になって欲しい、回復して欲しいと思いながら、患者さんに接していけば大丈夫です。死期が迫った人間には、かける言葉以上に、自分が心中で思う内容に注意ということです。

Q19

家族や友人が亡くなる辛い体験をした子どもをサポートするには、どうすれば良いでしょうか？

A

「大好きな故人は心で生きている」と言うことです。その故人を忘れない自分がいる限り、その故人は生きています。死んだ人を忘れないことが、霊界にいるその故人を応援することになります。

供養とは、故人を忘れないためにおこなう行事であることが、その本質です。だから、定期的に命日などに供養行為をおこないます。その目的は、故人を思い出して忘れないためです。

Q20

人が死ぬ時に、魂は身体《からだ》のどこから抜けていくのでしょうか？臨終の人の頭が明るく光って見えたことがあります。もしかしたら、魂が頭から出て行こうとしているのかと思いました。

A

魂は、基本は口から抜けます。亡くなる人は、少しアゴを上げ気味にして、口が開いたままの人が多いはずです。魂が口から抜けない場合、次は鼻からエーテル体が流れ出すように視える感じで、鼻から魂が抜けます。

臨終の人の頭が明るく光って見えたのは、魂が抜ける前の状態です。頭部から光り始めて、それが段々と全身に広がり、薄いブルー色に光り始めます。その時は、臨終のサインです。病人は、お迎えの先祖たちの姿を見ていることでしょう。

Q21

突然の災害・戦争・パンデミック、いつ何が起きるかわからない時代になってしまいました。いつ予想外の死が訪れるかわからないと、以前にはなかった強い焦燥感を覚えます。もし今日がコノ世で過ごす最後の一日だとしたら、何をしたら良いのでしょうか？

A

そういう気持ちはわかります。でも、実際に死んでみますと、自分の心はそのまま生きており、想像していたような線引きはないのです。

ただ、生きている家族に話しかけても、家族は気づいてくれないし、自分のことが見えていないことがわかります。家族に伝えたいことが沢山あっても、何も伝えることができません。

だから、今日で最後の日になるかも知れないと心配になった時は、家族には優しくして、感謝の言葉を言っておき、もし家族が知るべき伝達事項があれば、できるだけ説明しておくことを参考にしてください。
そして、すぐに家族に話ができない時は、今日が最後かも知れないと思うたびに、伝言をノートに書き残しておくことも参考にしてください。

Q22 もしも人類が全滅したら、神界・地獄界・魔界なども無くなるのでしょうか？ それとも、神界だけが残るのでしょうか？

A

他の霊的次元の世界は残ります。生きていた人類は、その個人の行《おこな》いにより、行く世界が違います。

実は、今は生物が見えない砂漠のような他の惑星にも、過去に人類のような生物が永く生きた久遠《くおん》の歴史がありました。でも、どの惑星も辿《たど》ったパターンは、そこに住む生物間の核戦争により、惑星の表面を砂漠化させて絶滅しています。地上から消え去って、その惑星の霊的次元へ移動しています。

そこに住んだ生物たちは霊体となり、その惑星の霊界・神界・地獄界の次元に移行しています。つまり惑星とは、見える惑星とセットで、必ず霊体の惑星も対《つい》で存在するのが宇宙の法則です。この地球にもセットで、人類には見えない地球の霊的次元の世界が存在します。

このように惑星が、見えない霊体の惑星とセットで必ず存在することは、ブラックホールという空間が存在することと関係します。未来の宇宙論で、その実態が解明されていくことでしょう。

地球は、今までに地上で六回の絶滅・失敗を繰り返しています（この絶滅の回数は、見方、視点の違いで数回分は誤差あり）。

もしもこれから人類が全滅すれば、やはり今回もダメだったかとなるだけです。もしそうなれば、今回も再び地球の地表と海を根底から地層を引っくり返してマグマで煮詰め直して、一からやり直しです。

しかし、さすがに何度も絶滅を繰り返してきた影響で、もう地球が病み出しています。だから、もしも今回もダメだった場合、神界は地球舞台での歴史を終了させることでしょう。

人類は、霊体の次元で生きて、再び他の惑星の霊界へと、または新しい惑星の地上へと、個人が持つ因果に応じて転生していくことでしょう。

因果だけは、永久の履歴として、どの次元に移行しても生き続けます。だから、今の自分が良心でする行《おこな》いが非常に大切なのです。それが因果として残ります。

Q23

私は社家《しゃけ》（世襲神職の家）ではない普通の家庭に育ち、一般企業に勤めていましたが、思うところがありまして、会社を辞して神職を目指して学んでいます。まったく見ず知らずの世界に飛び込み、毎日が新鮮で、神様に仕える喜びに打ち震えております。

これから希望する神社に奉職できるかどうかわかりませんが、神職の心構えをお聞かせ頂ければ幸いです。

A

問題は収入だと思います。独身のままで良いのか？　所帯を維持できる収入があるのか？　どんなに低年収でも、神様にお仕えする覚悟が大切です。

長く神職を継続するためには、あえて露骨な話ですが、最初から金銭問題への覚悟が必要だと言えます。

そして、神職とは、様々な霊的な悩みを持つ御方や、因縁のある品物と接する機会が生じます。中にはそういう参拝者との縁のために、寿命を短くしてしまう神職の話も聞きます。

あるお祓《はら》いで有名な神社の関係者から聞いた話ですが、全国から「悪霊憑き」と呼ばれる相談者が、他の神社から紹介されて来るそうです。すると年に数件ぐらいですが、御祓いを受けに来た参拝者が鳥居から神社に入った瞬間から、神社の神域にある大木たちが、まるで台風で揺れるように葉音を鳴らして揺れるそうです。

それが起こりますと、宮司が社務所から急いで出て来て、他に多くの参拝者がいても特定の人を見分けて近づき、

「他の神社から紹介されて、御祓いに来られた御方でしょうか?」

と聞いて、それ以上は何も聞かずに、

「ここの神社では祓うのは無理なので、黙ってお引き取りください」

と宮司が参拝者にお願いをするそうです。

しかも御神酒の一升瓶を、お詫びの品として手渡して謝るそうです。

その参拝者に、

「せめて、話だけでも聞いてください」

と懇願されても、宮司は顔を大きく左右に振って、

「その内容を聞くだけでもダメなのです」

と、強く断るそうです。

このような非常に強い霊障を持つ相談者も来るのが神社であり、神職の仕事となります。

そういう相談者は、いったい何をしたのでしょうか？


私の推測では、例えば親族や先祖が神社に放火した場合に、絶対に祓うことができない罪として、刻印が家系に押されることもあります。

また、大量殺人を犯した場合にも、本人と子孫に、祓うことができない強い霊障が出ることもあります。


そういう人々にも、自分の命と引き換えに対応する可能性もあるのが神職の任務だと思うことを参考にしてください。

Q24

実家が代々続く伝統仏教のお寺さんです。私は現在、仏教系大学を出て都会で社会人三年目ですが、実家の両親も歳をとり、そろそろ寺に戻って来いと言われています。

檀家の減少や高齢化による地域コミュニティの衰退等で経営的には苦しい寺が多いです。できれば、これからの時代の伝統仏教の在り方につきまして、教えてください。

A

これからの時代は、檀家の寄付や善意だけに頼る運営は限界が来ます。本当に正しい仏道の普及に努めているならば、守護仏からの僧侶の生活が成り立つ道への誘導が必ずあります。

檀家への負担を減らして、正業の仕事で別の収入を持つ寺が、生き残ると夢想します。でも無理な商売も上手くいかないものです。

これからの高齢社会を考えれば、狭い土地でも利用が可能である合同墓を充実させることを参考に。これから予算が無い御方へのお墓の需要は、年々増えていくと予測します。低価格で遺骨を預かり、管理・供養することが、お寺の継続に影響すると思います。

少ない金額でも社会の需要が大きければ、大きなお金を生み出します。自己責任で自己判断の参考になれば幸いです。

Q25

いまマスコミで話題になっているところの、いわゆる宗教二世です。物心がつかないうちから、考えられないような生活を強《し》いられてきました。私自身は成人して親元を離れ、現在はその宗教とはきっぱりと縁を切って生活していますが、親は相変わらずの信仰生活を続けています。信仰を捨てた私のことは、魔に堕ちたと勘当扱いです。

お聞きしたいのは、どんな因果があって、あのような宗教が跋扈《ばっこ》しているのか、なぜ日本人がその犠牲にならなくてはならなかったのかです。よろしくお願いします。

A

第二次世界大戦後の戦後処理が生み出した産物であり、日本の因果です。

親は親、自分は自分の人生と信仰で良いと思います。信仰に関しては、親子であっても、個人の魂の縁で、個別にそれぞれの縁に引かれます。大切なことは、親子間であっても、信仰の強要はあってはいけないことだと感じます。

言えますことは、そういう苦労をする宗教的な環境に生まれるのは、良い魂の子どもが比較的多いとも感じます。高貴な魂ほど、あえて厳しい環境と条件に生まれることを、自ら選んで誕生していることを感じます。

どんなこともムダではありません。自分が体験した苦しみから、逆に自分が結婚して持った家族を中心に生きる大切さに気づき、本当の正しい信仰がわかる縁となる可能性もあります。

苦しかった未成年期の分を、これから上書き修正するように楽しんで生きて欲しく思います。

Q26

親の代からの信仰で、戦後にできた新興宗教教団で二十年間以上も働いていています。私もこの信仰を心底信じておりましたが、伊勢白山道ブログに出会い、自分の生活をかえりみて、とても苦しい毎日を送っております。生活のためもあり、すぐには辞められません。どうかアドバイスをお願いします。

A

どんな信仰をしていても大事なことは、

- 自分の良心に従う行為と発言をすること。
- 自分の心の中に本当の御本尊、内在神が存在すること。

この二つを大切にして守るならば、どんな信仰の中にいても大丈夫です。

思い出されることは、インドの聖者・ラーマクリシュナのことです。様々な信仰を自《みずか》ら体験するために入信します。そして、その中で、教団固有の特殊な霊的存在たちとの霊的邂逅《かいこう》を果たします。その内容を教祖に伝えることで本物と認定されて免許皆伝、一番弟子と認定されます。

これを、土着信仰や伝統宗教も含めていくつもの教団で成し遂げていきます。その中には、邪教と言われた教団もありました。

そういうラーマクリシュナが言ったことは、どの教団にもそこに固有の霊的存在がいた。でも、その固有の霊的存在との邂逅がさらに進んだその先には、すべての教団を通じて同じ存在に行き着いたというのです。

その一つなる存在を、ラーマクリシュナは、「神様の海」とも感じていたと私は夢想します。

だから、あなたも、自分の教団に誠意で勤めて、そこを通じて一つなる存在と出会うまでがんばる視点も参考にしてください。

伊勢白山道式　先祖供養の方法

1 最初に線香三本に火を点け、上下に軽く振って炎を消します。線香を手に持ったまま、うち一本を片方の手に持ち替えて、苗字は言わずに父方・母方も含めた男性の先祖霊全体を意識して「ご先祖のみなみな様方、どうぞお召し上がりください」と声に出してから線香器の左奥に立てます。立てたら「生かして頂いて　ありがとう御座位ます」と発声します。

2 二本目を片方の手に持ち替えて、父方・母方を含めた女性の先祖霊全体を意識して「ご先祖のみなみな様方、どうぞお召し上がりください」と声に出してから線香器の右奥に立て「生かして頂いて　ありがとう御座位ます」と繰り返します。

3 三本目の線香を片方の手に持ち替えて「その他ご縁のある霊の方々、どうぞお召し上がりください」と声に出し「自分に縁あるすべての霊的存在」（家系の水子、実家や親類の霊、知人の霊、生霊、動物の霊、土地の霊、その他の自分で認識していない霊的存在など）へ届くように思いながら、手前中央に立てます。

※一、二本目は先祖全体に、個別に特定の故人に向ける時は三本目で。

4 手を合わせて「生かして頂いて　ありがとう御座位ます」と繰り返します。

5 続けて、すべての霊が根源なる母性に還るイメージで「アマテラスオホミカミ」を二回ずつ、自分が安心するまで繰り返します。これに違和感のある方は唱えなくてもよいです。大事なのは「生かして頂いて　ありがとう御座位ます」の言霊です。

※火の点け方は最初に２本、あとから１本でもよいです。
※煙が自分のほうに流れてきても問題はありませんが、気になる場合は、供養を始める時に１度だけ「依り代にお寄りください」と念じてください。

先祖供養の図解

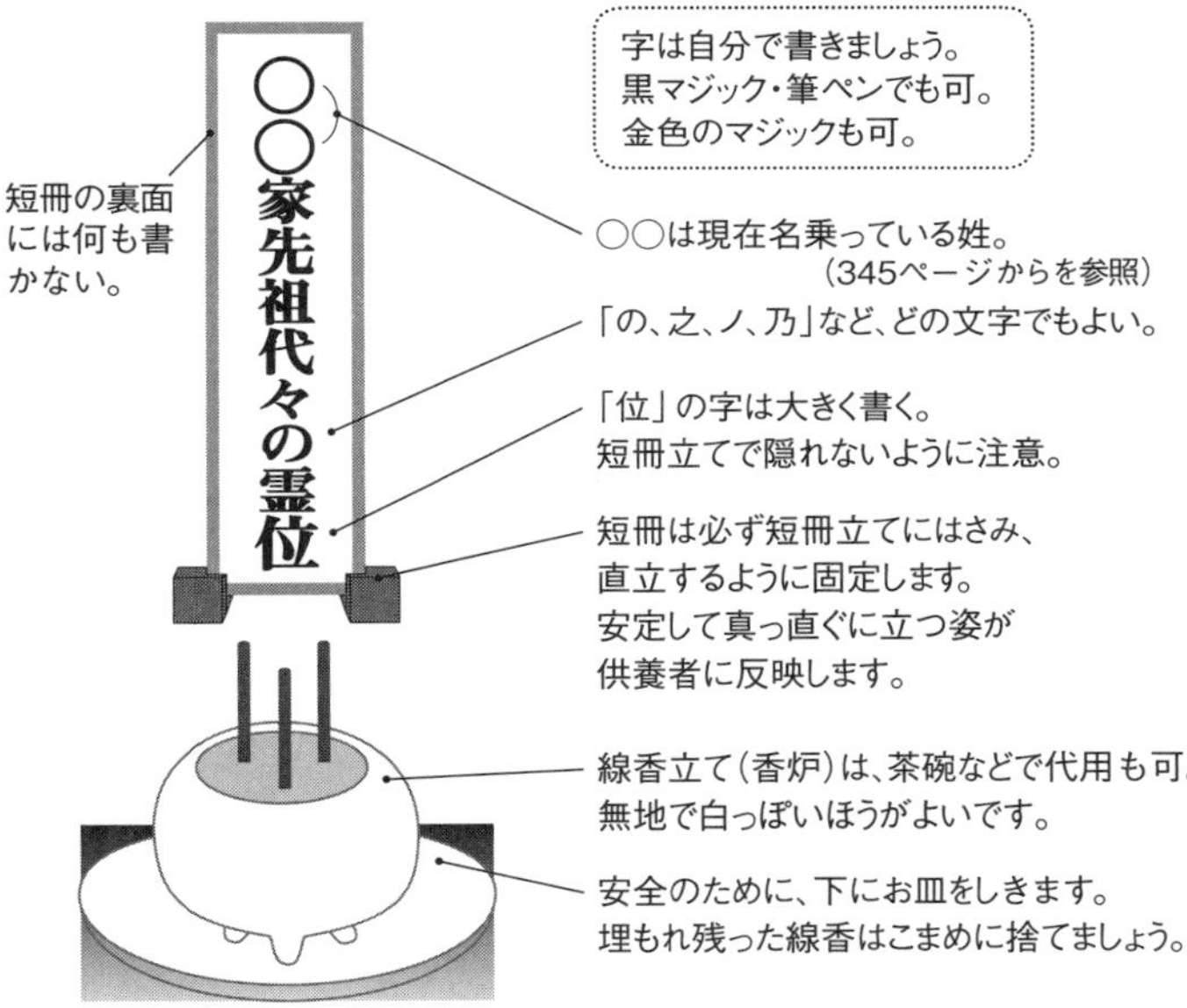
○○家先祖代々の霊位
短冊の裏面には何も書かない。
字は自分で書きましょう。黒マジック・筆ペンでも可。金色のマジックも可。
○○は現在名乗っている姓。（345ページからを参照）
「の、之、ノ、乃」など、どの文字でもよい。

「位」の字は大きく書く。短冊立てで隠れないように注意。

短冊は必ず短冊立てにはさみ、直立するように固定します。安定して真っ直ぐに立つ姿が供養者に反映します。

線香立て（香炉）は、茶碗などで代用も可。無地で白っぽいほうがよいです。

安全のために、下にお皿をしきます。埋もれ残った線香はこまめに捨てましょう。

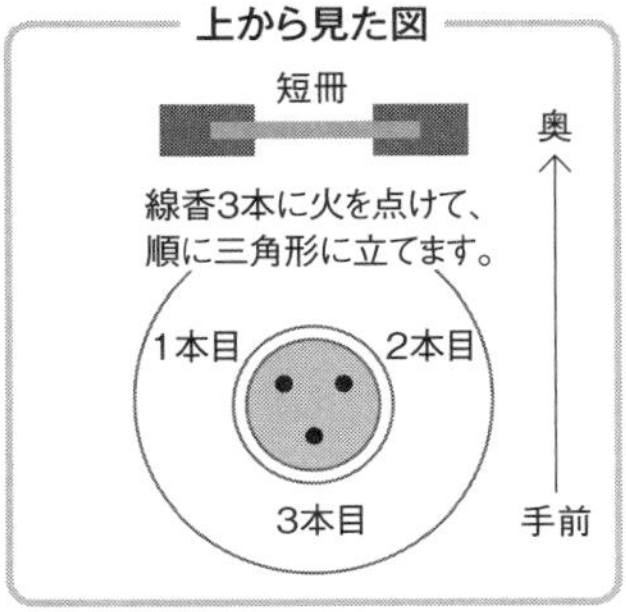
上から見た図
短冊
奥
線香3本に火を点けて、順に三角形に立てます。
1本目
2本目
3本目
手前

- 先祖供養には、先祖霊が寄るための依り代（位牌や短冊）が必須です。**依り代なしの供養は厳禁です。**
- 自宅に「○○家（自分の現在の苗字）先祖代々の霊位」と記された位牌があれば、それを使ってよいです。
  ない場合は、短冊を用意して図のように自作しましょう。
- 先祖供養は自己判断と自己責任でおこなうことです。

◆火災に注意！ 線香が消えた後に時間差で、線香残が灰の中で再燃焼することがあり、危険です。燃えやすいもので包んだり、燃えやすい場所に保管しないこと。

ブログ　伊勢一白山道 http://biog.goo.ne.jp/isehakusandou/より引用

先祖供養を始める前に

❖家族の理解を得られない環境では無理に供養をしてはいけません。家族の反対があれば、感謝想起のみにしましょう。

❖日常で「生かして頂いて　ありがとう御座位ます」と先祖や家系の水子、内在神への感謝想起をすることもとても大切です。

❖先祖供養と自分や家族の健康や仕事・勉強・人間関係等の幸・不幸を結び付けて考えてはいけません。先祖供養は、迷い困っている霊を助けたいと思う慈悲の気持ちから「先祖のために」おこなうことです。自分のためではありません。

❖供養で大事なことは「継続」です。供養の継続は供養が届いていることの証明です。

❖先祖供養は先祖への感謝と思いやりから自発的におこなうことです。無理は不要です。先祖供養はご自分の判断と責任の上でおこないましょう。

供養の道具

❖短冊は、文房具店で販売されている長さ三十cm位で白色無地の厚手の物がよいです。金色の縁取りがあれば、なおよいです。短冊は短く切ったりしないでそのまま使用してください。

❖色紙《しきし》を短冊のように細長く切って代用するのは駄目です。

❖海外在住で短冊が手に入らない場合は、硬さのある厚紙を何重にもノリで貼り重ねて自作してもよいです。依り代には厚みが大切です。中に空洞のある段ボール紙は、供養の短冊には適していません。

❖破損したり書き損じたりした短冊は、白い紙に包んでゴミとして捨てればよいです。短冊には、供養の際に霊が一時的に寄るに過ぎないからです。

❖短冊立ては必須です。短冊の両端をしっかりとはさんで真っ直ぐに立てられる、木製の物を使用してください。木片二つに切り込みを入れて自作してもよいです。壁に短冊を斜めに立てかけたり、貼り付けるのは厳禁です。

❖線香は、長さが十cm以上あり、煙が多いものがよいです。香りが良いものも霊に喜ばれます。

❖線香を折ることは厳禁です。自然に折れて短くなった線香は、三本目に使用してもよいです。

❖線香器（香炉）はどんぶり・茶碗などで代用できます（無地で白い厚手のものが理想）。灰を受けるために、必ず下に大きめの皿をしいてください。

❖市販の線香灰の使用が最善です。可燃性のコーヒーかすや穀類は危険です。また、砂や小石、金属・ガラス・塩・重曹は先祖供養には不向きです。

依り代に記入する苗字

【基本】

❖戸籍に関係なく、現在名乗っている姓のみを使用（故人の個人名は依り代には不要）。夫婦別姓の場合は、夫の姓での供養が好ましいです。

❖離婚した場合も、現在使用している姓が基本です。離婚後も元の夫姓を名乗っていても、実家からの援助が多い場合は、供養のみ実家の姓で。子どもがいる場合は子どもの名乗る姓でもよいです。

❖漢字を旧字・新字の両方使用している場合は、好きなほうでよい。

❖外国名の場合、主たる供養者が得意な言語で記入してください。日本語使用なら外国名をカタカナで記載してもよいです。記載言語や寄り代の形、「霊位」の表現は、供養者が馴染みやすいスタイルで。例えば、「Smith 家先祖代々の霊位」のように日本語と外国語が混ざるのも可。

【帰化による創姓や通名】

❖外国籍から日本への帰化により「新たな日本姓」を作ったり通名使用で、外国姓と日本姓がある場合、

Ａ：創姓した日本姓や通名にまだ故人がいないうちは、供養は旧外国姓でおこない、創姓の日本姓や通名に死者が出たら、供養も日本姓に切り替える。

Ｂ：または、創姓や通名の日本姓にすでに故人がいても、旧外国姓の依り代と日本姓の依り代を、二つ並べて供養するのも可。その場合、旧外国姓の霊位を左側、創姓日本姓の霊位を右側に並べる。

※ＡかＢかは、供養者がしっくり感じるほうを選べばよいですし、途中で変更してもよいです。

❖創姓日本姓と旧外国姓の二つの依り代を並列する供養は、外国籍から日本への帰化で「創姓」した人や、通名使用者のみ可。

❖帰化でも、婚姻や養子縁組で日本人の籍に入って改姓した人が、旧外国姓と現在の姓の両方を並べて供養するのは厳禁。この場合は、入籍した姓一つで、基本の供養をすること。

供養の場所

❖伝統仏教の仏壇がある場合は「○○家先祖代々の霊位」の依り代（位牌や短冊）を仏壇の中（一番手前の置ける最下方）か、前に台を置いてその上で供養します。仏壇以外の所に台を置いて供養してもよいです。

❖仏壇や位牌が新興宗教仕様の場合は、必ずその仏壇から離れた場所で、別に短冊を用意して供養し

ます。

❖神棚がある場所で供養をおこなう場合は、神棚よりも低い場所に置いてください。神棚の下方に依り代を置いて供養するのが理想です。

❖供養は高さ三十～五十㎝のぐらつきの無い木製の安定した台でおこなうことが理想です。仏壇内に依り代を置く場合は、高さを気にしなくてよいです。

❖脚が折れる台やキャスター付きの台は不安定感があり、供養には向きません。

❖窓際（窓を背に依り代を置く）や鏡に依り代が映り込む場所は避けたほうがよいです。

❖方角は気にしなくてよいですが、理想は依り代を北～東方向を背に置いて、人が北～東に向かい拝みます。

❖供養をおこなう場所は綺麗に片づけ、掃除をしましょう。

❖他に場所がない場合には台所で供養してもよいですが、事前の清掃が大事です。できれば供養中に換気扇はまわさないほうがよいです。線香が消えてから換気をしましょう。

❖ベランダや屋外での供養は、無縁霊が寄るので厳禁です。

❖一つの家の中で、家族が複数の場所で同時に供養をしてもよいです。

❖短期間の出張や旅行時にまで、道具を持参して供養をする必要はありません。

火災予防

❖ロウソクの使用は厳禁です。線香にはライターで火を点けます。

❖線香を捧げたらその場を離れてかまいませんが、線香が消えるまでは外出はしないで、必ず消火の確認をしましょう。

供養の時間

❖午前中に供養するのが理想ですが、他の時間帯でも（夜でも可）よいです。ただし、霊的に不安定な時間帯である、日没の前後一時間と深夜〇時から午前四時の間は避けてください。

お供え

❖線香の煙は、霊の欲しい物に変化して届きますので、法要や命日・お盆・お彼岸などを除き、食べ物のお供えはしなくてもよいです。

❖食べ物は長く置くと無縁霊が寄りやすくなります。後で食べる場合は、供えて直ぐか十五分位で下げて早めに食べましょう。

❖お茶やお水などの液体類をお供えした場合は、飲まずに捨てましょう。

湯気供養（線香を使用できない場合）

❖霊的な効力は線香の三割ほどですが、湯気の出る熱いお茶を入れた茶碗を三つ用意して、三角形に置いて供養します。湯気供養にも依り代（短冊や位牌）は必須です。捧げたお茶は捨てます。

供養時の注意

❖神棚がある場合は、先に神棚の水交換と参拝をしてから、先祖供養をしましょう。

❖供養の際には、感謝の気持ちだけを捧げましょう。願い事をしたり、悩みを訴えたりしますと、先祖霊は不安になり、供養にならなくなります。

❖怒ったりイライラした状態の時は、供養をやめましょう。

❖供養を受けている霊を邪魔することになるので、供養中は短冊や位牌・線香・煙に触れないほうがよいです。線香を途中で消すことは厳禁です。

❖故人が現世への執着を持たないようにするために、写真は置かないほうがよいです。亡くなってすぐはよいですが、一年経てばしまって、命日などにだけ出しましょう。

❖大切なのは供養を先祖・縁ある霊的存在「全体」に捧げることです。供養が必要な他の方に届きにくくなってしまいますので、供養中に特定の故人の名前は呼びかけないほうがよいです。どうしても気になる故人がいる場合は、三本目の線香を捧げる時に心の中で故人の名前を思い、感謝をすればよいです。

❖供養に使用する短冊や位牌は常設が理想です。しまう場合は線香が燃え尽きてから一時間はそのままにしてください。火災予防の観点からは、線香器はしまわないほうがよいです。

❖供養は一日に一回、多くても二回までです。過剰な供養は不要です。

あとがき

本書『宇宙万象　第7巻』は、東日本大震災が発生した二〇一一年二月・三月の震災前後二ヶ月間の記事を中心に編集された巻です。

この巻は、震災当日のことや、その後の暗い日々のことを昨日の出来事のように思い出させる臨場感があります。当時、テレビを点ければ、政府広報の同じCMが流れ続けたことも思い出します。

十四年前に、「伊勢—白山道」ブログの記事を編年体でまとめた『森羅万象』の刊行が始まり、十巻を区切りに『宇宙万象』に名を改めました。

東日本大震災が発生してから干支がちょうど一周した十二年目の二〇二三年

に、奇《く》しくも『万象』シリーズ十七冊目となる本書が刊行されることに大いなる神意を感じています。

陰陽五行説から観ましても、この世界は十二年ごとに似たことを繰り返す周期性を持ちます。十二年を五回繰り返せば六十年であり、これが人生の半分、折り返しを意味する人間の還暦六十歳となります。

太陽の活動現象は、太陽磁場と深く関係しております。その活動度はおよそ十一年間の周期で変動を繰り返すことが判明しています。太陽磁場の十一年変動に伴《ともな》って、太陽黒点の出現数が増減することがわかっています。

つまり太陽も、十二年目に活動がリセットされて再スタートをするのです。

太陽黒点が増加する新しい太陽活動周期「サイクル25」というものが、

二〇一九年十二月にスタートしています。

不思議なことに、その二〇一九年十二月初旬にアジアで最初の新型コロナウイルス感染症（COVID-19）の感染者が報告され、それからわずか数カ月ほどの間にパンデミックと言われる世界的な流行となりました。

太陽黒点の増加が始まるのと同じタイミングで、感染症のパンデミックも始まりました。その後にウクライナの紛争も始まっています。

この太陽黒点数の増加が極大になる年が、二〇二三年から二〇二六年の三年間との予想が出されています。

つまり、今年からの三年間が、世界に極端な出来事が発生しやすい期間と言えます。そのタイミングに合わせるかのように、『宇宙万象　第7巻』が刊行されますことに、多くの日本に住む人々を救いたいという神様の神意を思います。

今に生きている私たちが、東日本大震災で死んで逝《い》かれた多くの方々が命を引き換えに残してくれた数々の教訓を元に生き続けていくことが、故人たちの最後の願いだと感じます。多くの被災者の死をムダにはできません。

相次ぐ大災害、紛争、パンデミック……、誰しもこれからへの強い不安を抱《いだ》いていることでしょう。しかし、東日本大震災の当時を振り返り、この不安への事前の対策をすることにより、大難は小難へ、無難へと変わって行くことを、私は感じます。

この巻のテーマは、スサノオ神が妻子を怖い災難から守るために詠《よ》んだ日本最古の和歌です。

「八雲立つ 出雲八重垣 妻籠みに 八重垣作る その八重垣を」

（やくもたつ いずもやえがき つまごみに やえがきつくる そのやえがきを）

慰霊と鎮魂、そして希望へとつながるように思いを込めて編集・加筆をいたしました。

本書の内容が、これからの皆様の生活の参考になれば幸いです。

二〇二三年夏　暑さを感じながら記す

伊勢白山道

著者紹介……………………………………………………………………………

伊勢白山道（いせ　はくさんどう）

2007年５月「伊勢白山道」ブログを開設、2008年３月から本の出版を始め、その斬新な内容と霊的知識、実践性において日本だけでなく世界に衝撃を与え続けている。多忙な仕事のかたわら、毎日かかさず悩める人々にインターネットを介して無償で対応している。自分が生かされていることへの感謝を始めた読者の人生に起きる良い変化が、強い支持につながり、数多くある精神世界サイトの中で、ブログランキング圧倒的第１位を、長年にわたり継続中である。

著書に、伊勢白山道名義で『内在神への道』（ナチュラルスピリット刊）、『あなたにも「幸せの神様」がついている』『生かしていただいて ありがとうございます』（主婦と生活社刊）、『内在神と共に』『森羅万象 第１巻～第10巻』（経済界刊）、『伊勢白山道問答集　第１巻～第３巻』（全３巻）『宇宙万象　第１巻～第４巻』『自分を大切に育てましょう』『今、仕事で苦しい人へ　仕事の絶望感から、立ち直る方法』『柔訳　釈尊の教え　原始仏典「スッタニパータ」　第１巻・第２巻』『伊勢白山道写真集　神々の聖地　白山篇』『伊勢白山道写真集　太陽と神々の聖域　伊勢篇』『与えれば、与えられる』『自分の心を守りましょう』（電波社刊）。『宇宙万象　第５巻』『宇宙万象　第６巻』『「生と死後」の真実 Life & Death』『いま悩む人への「禅語」』『柔訳　釈尊の教え　第３巻』『伊勢白山道事典　第１巻』（弊社刊）。

谷川太一名義で『柔訳　老子の言葉』『柔訳　老子の言葉写真集　上下巻』（経済界刊）、『柔訳　釈尊の言葉　原始仏典「ダンマパダ」第１巻～第３巻』（全３巻）（電波社刊）がある。

著者のブログ：https://blog.goo.ne.jp/isehakusandou

宇宙万象　第7巻
2023年9月1日　初版第1刷発行

著者　伊勢白山道
編集人
兼発行人　渡部 周
発行所　株式会社 観世音
〒145-0065
東京都大田区東雪谷3-2-2-1F
TEL/FAX　03-6421-9010
https://kanzenon.jp

印刷・製本　株式会社 光邦

ISBN978-4-910475-08-0